MARCO POLO

Los Angeles

Reisen mit Insider Tipps

Diesen Reiseführer schrieb Sonja Alper. Sie lebt seit Jahren in Los Angeles und schreibt für »Architectural Digest« sowie Kurzgeschichten für amerikanische Publikationen.

www.marcopolo.de
Infos zu den beliebtesten Reisezielen im Internet, siehe auch Seite 106

SYMBOLE

Insider Tipp **MARCO POLO INSIDER-TIPPS:**
Von unserer Autorin für Sie entdeckt

★ **MARCO POLO HIGHLIGHTS:**
Alles, was Sie in Los Angeles kennen sollten

HIER HABEN SIE EINE SCHÖNE AUSSICHT

WO SIE JUNGE LEUTE TREFFEN

PREISKATEGORIEN

Hotels		Restaurants	
€€€	über 200 Euro	€€€	über 45 Euro
€€	110–200 Euro	€€	25–45 Euro
€	unter 110 Euro	€	unter 25 Euro

Die Preise gelten für zwei Personen im Doppelzimmer mit Frühstück pro Nacht.

Die Preise gelten für ein Abendessen mit Vor-, Haupt- und Nachspeise ohne Getränke.

KARTEN

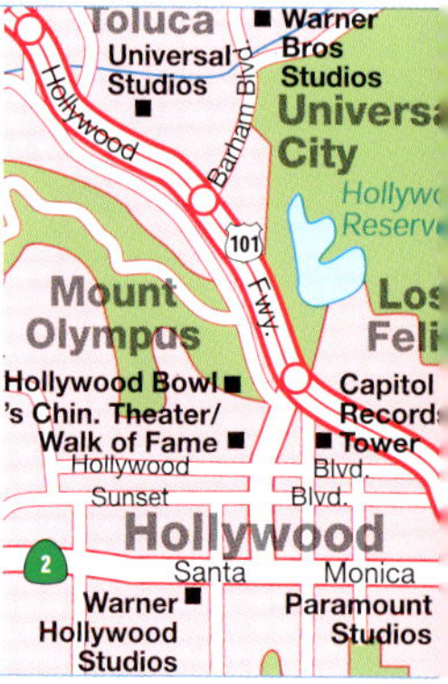

[118 A1] Seitenzahlen und Koordinaten für den Cityatlas Los Angeles

[0] außerhalb des Kartenausschnitts

Zu Ihrer Orientierung sind auch die Objekte mit Koordinaten versehen, die nicht im Cityatlas eingetragen sind.

Linienpläne von DASH und Metro Rail System finden Sie im hinteren Umschlag, eine Übersichtskarte auf den Seiten 128/129.

GUT ZU WISSEN

Inhalt

Die wichtigsten MARCO POLO Highlights

Sehenswürdigkeiten, Orte und Erlebnisse, die Sie nicht verpassen sollten

1. **Cathedral of our Lady of the Angels**
Drittgrößte Kathedrale der Welt mit 6000 Plätzen in der Gruft (Seite 25)

2. **Walt Disney Concert Hall**
Konzertsaal mit perfekter Harmonie von Form und Funktion (Seite 27)

3. **El Pueblo de Los Angeles**
Mexiko mitten in L. A. – eine andere Welt: Hier spricht man Spanisch (Seite 27)

4. **Sunset Strip**
Rockclubs, Restaurants, Boutiquen – Achtung: Stars können Ihren Weg kreuzen (Seite 34)

5. **Venice Beach**
Rummel mit Strandnixen und Muskelmännern (Seite 36)

6. **Rodeo Drive**
Mit das teuerste Shoppingpflaster der Welt – sehen und gesehen werden ist wichtig (Seite 36)

7. **Universal Studios**
Spezialeffekte und Wasserschlachten, Erdbeben, Spider Man und mehr (Seite 39)

8. **The Getty Center**
Kunst, Architektur und eine schöne Aussicht – drei gute Gründe für einen Besuch (Seite 44)

Sunset Strip

Folklore im Pueblo de Los Angeles

Kunsttempel: The Getty Center

9 Los Angeles County Museum of Art (LACMA)
Deutsche Expressionisten und präkolumbische Kunst, hochkarätige Wechselausstellungen, Kino, freier Jazz – alles vom Feinsten (Seite 45)

10 Museum of Contemporary Art (MOCA)/ Geffen Contemporary
Zeitgenössisches in allen Formen und Größen. Kunst ist, was Kunst genannt wird – es gibt keine Regeln und viele Überraschungen (Seite 46)

11 Mel's Drive-in
Hamburger, Milk Shakes und Pommes frites – dazu Juke Box mit Songs aus den Golden Fifties (Seite 57)

12 El Cholo
Ein Restaurantbesuch wie ein Urlaub in Mexiko: mit Margaritas, Mariachis und gut gewürztem Essen (Seite 59)

13 Mondrian
Trendy und durchgestylt: ein cooles Hotel voller schöner Menschen (Seite 76)

14 Key Club
Berühmte Bands und nach der Show ist Tanz angesagt: Techno und House (Seite 87)

15 Joshua Tree National Park
Der größte Kaktusgarten Kaliforniens mit über 1000 Jahre alten Joshua Trees liegt in Palm Springs (Seite 100)

★ *Die Highlights sind in der Karte auf dem hinteren Umschlag eingetragen*

Entdecken Sie Los Angeles!

Willkommen in der Stadt der »Rich and Famous«, die weit mehr zu bieten hat als nur Hollywood und Disneyland

Wenn die Sonne das Meer in gleißendes Mittagslicht taucht und die Wellen wie Silberzungen am Himmel zu lecken scheinen, das Cabrio über den Pacific Coast Highway nach Malibu schnurrt, der Wind sich in den Haaren fängt und das Radio Smooth-Jazz spielt, kennt die gute Laune keine Grenzen. Man sucht sich ein Plätzchen am Strand, lässt den Blick schweifen und freut sich mit den Delphinen, die zum Greifen nah ihre Kapriolen schlagen. Wer mit offenen Augen durch L. A. geht, wird viele solcher magischen Momente erleben. Der Zauber dieser Stadt liegt in ihrem Facettenreichtum. Hier gibt's die wildesten Diskos mit den schönsten Menschen; Weltstars, die die gleichen Restaurants besuchen wie jeder andere auch, erstklassige Museen, klassische Konzerte, Jazzclubs und eine lebendige Theaterszene; luxuriöse Hotellobbys, haarsträubende Achterbahnen, noble Einkaufszentren, heiße Quellen zum Entspannen, 176 Universitäten und Colleges und natürlich Mickey Mouse. L. A. kann stolz sein auf

Downtown ragen die Hochhäuser in den Himmel

Multikulti – junge Frauen in L. A.

Supermärkte, die rund im die Uhr geöffnet haben, auf die größten Plakatwände und das längste Sandwich. Es ist bekannt für Erdbeben, Trockenheiten, Schlammlawinen, Feuersbrünste, El Niño und fast das ganze Jahr über Sonnenschein. Wer mag, kann morgens im Pazifik surfen, mittags in den Bergen Ski laufen und abends in der Wüste den Sternenhimmel bewundern.

Wie jedes irdische Paradies hat auch dieses eine andere, weniger strahlende Seite. Die Journalistin Dorothy Parker schrieb einst: »Los Angeles besteht aus lauter Vororten, die verzweifelt auf der Suche nach einer Stadt sind.« L. A. ist wie der Turm zu Babel, der nicht in die Höhe, sondern in die Breite gewachsen ist. Beim Landeanflug auf den Flughafen LAX zeigt sich ein

Abendstimmung über dem Pier von Santa Monica

Flickenteppich von flachen Häusern, eins brav neben dem anderen, mit ein bisschen Grün drumrum, soweit das Auge blick – hin und wieder unterbrochen von türkisfarbenen Flecken, den Swimmingpools. Von zwei Seiten durch Bergketten und im Westen vom Pazifischen Ozean begrenzt, bildet L. A. ein Patchwork von 88 integrierten Städten und vielen Vororten auf einer Fläche von ca. 10 500 km^2 mit rund 9,8 Mio. Einwohnern. Die Zahl variiert je nach Quelle, ein Meldesystem gibt es nicht.

Flickenteppich mit Pools

Erschwerend hinzu kommt der tägliche Zuwandererfluss von Illegalen, vor allem aus dem nahen Mexiko. Die Stadt in den Griff zu bekommen ist daher so aussichtslos wie der Spaziergang auf einer Wolke. Doch zu Fuß ist man sowieso verloren. Es gibt zwar ein gutes, preiswertes Busnetz, doch mit der Einhaltung des Fahrplans hapert es. Kein Wunder, denn das immense Verkehrsaufkommen ist unberechenbar. Angelenos fragen nie, wie weit etwas entfernt ist, sondern immer, wie lange es dauert, dort hinzukommen. Entlastung für über 34 000 Pendler täglich aus den umliegenden Counties bringt der Metrorail, der seit 1992 sein Streckennetz immer weiter ausdehnt. Diese positive Entwicklung, wie auch der Bau der Subway, ist ein zaghafter Schritt zurück. Schon einmal, Anfang des 20. Jhs., gab es ein gutes öffentliches Verkehrsnetz, die *Red Cars* der Pacific Electric Railway Company. Sie verkehrten auf 1600 km Schienen zwischen L. A., Pasadena und Santa Monica. Und in Downtown L. A. fuhren die *Yellow Cars*. Der Automobilboom der 1930er- und 40er-Jahren, der Bau der ersten Freeways und die Interessengruppen der Automobilindustrie machten dem öffentlichen Nahverkehr 1963 den Garaus. Seitdem gehört *traffic jam* (Verkehrschaos) zum Sprachgebrauch.

Auch L. A. hat klein angefangen: mit 44 Siedlern – Indianer, Mestizen, Schwarze und zwei Spanier. Am 4. September 1781 rief der spanische Gouverneur Felipe de Neve in der Bay of Smoke, wie der erste Weiße das Tal nannte, El Pueblo de Nuestra Señora la Reina des Los Angeles del Río de Porciuncula (The Town of Our Lady the Queen of the Angels by the Porciuncula River) aus. Der Rauch kam von den Feuern der Chumash-Indianer, die das Land lange vorher besiedelt hatten. Der historische Distrikt Pueblo de Los Angeles in Downtown existiert heute noch, nicht weit von der Olvera Street, als touristischer Mittelpunkt der Stadt: ein mexikanischer Marktplatz mitten in L. A., wo Mariachi-Musikanten durch die Restaurants ziehen und der Duft von frischen Tortillas die Nase kitzelt.

»Schmelztiegel der Kulturen«

L. A. war und ist ein Magnet für alle, die nach Gelegenheiten suchen, Geld zu machen, oder die auf der Flucht vor politischer Verfolgung ein neues Zuhause suchen. Und so brodelt in diesem Multimillionenkessel eine ethnische Vielfalt, die ihresgleichen sucht. Heute leben hier Einwanderer aus 140 Ländern, die 96 verschiedene Sprachen sprechen.

Dominiert von Wolkenkratzern, die wie ein Bund Spargel aus der Landschaft ragen, gleicht Downtown abends und an Wochenenden einer Geisterstadt. Auch in Chinatown und Little Tokyo mit seinen preiswerten, guten Sushi-Bars werden die Bürgersteige früh hochgeklappt. Gegessen wird meist vor 20 Uhr. Einzig das Music Center, das im Herbst 2003 mit der neuen Walt Disney Concert Hall eine architektonische Bereicherung erhielt, erwacht nach den Vorstellungen gegen 22 Uhr für kurze Zeit zum Leben. Nachteulen kommen in Hollywood und auf dem Sunset Strip in West Hollywood auf ihre Kosten.

Die »Grande Dame« ist Beverly Hills. Hier wird die vom Chirurgen geschönte Nase besonders hoch getragen. Die Straßen mit den riesigen Anwesen, wo neben dem Pool auch der Tennisplatz nicht fehlt, wirken vornehm reserviert. Natürlich sollte man den weltberühmten Rodeo Drive besuchen, wo sich eine Designerboutique an die andere reiht. In den Bürohäusern auf dem Wilshire Boulevard und in den umliegenden Cafés und Restaurants machen Agenten Millionen-Deals für Brad Pitt & Co., doch der wahre Hauptdarsteller hier ist das Handy.

Alle großen Boulevards führen ans Meer: Sunset, San Vicente, Wilshire, Santa Monica, Olympic, Pico, Venice und Washington Boulevard. Auf dem Boardwalk in Venice werden T-Shirts und Designersonnenbrillen zu Dumpingpreisen angeboten, das bunte Treiben der Straßenkünstler sorgt für Unterhaltung, und die Wahrsagerin verspricht für ein paar Dollar eine rosige Zukunft. Santa Monica, einst verschlafenes Strandnest für Intellektuelle und politisch Engagierte hat sich in ein teures Wohnpflaster verwandelt. Baby Boomer, Filmleute und Agenturen haben die Hauspreise in schwindelnde Höhen getrieben. Hier sieht man mehr BMWs als in München. Main Street, Montana Avenue und Third Street Promenade locken mit Läden und Restaurants. Der Strand kann auf Rollerblades und Fahrrädern erkundet werden. Am Santa Monica Pier, einem fröhlichen Jahrmarkt, dreht sich das Riesenrad, das weite Ausblicke übers Meer bietet.

Wer's nicht weiß, übersieht glatt, dass Malibu die Strandkolonie der *Rich and Famous* ist. Deren Anwesen verstecken sich hinter hohen Mauern oder dichtem Grün. Eine Fahrt durch den kurvigen Topanga Canyon nebenan ist wie ein Besuch in der Vergangenheit. Vor dem General Store parken die Pickups, im Winter werden Gummistiefel getragen, im Sommer Gummilatschen. Die Anwohner sind der Natur ausgeliefert, den Buschbränden wie den Schlammlawinen, die immer wieder große Schäden anrichten. Doch niemand denkt auch nur im Traum daran wegzuziehen.

»*Bei den Reichen und Berühmten*«

In der City of Angels ist alles phantastischer, kreativer und größer; sie hat sich ihre eigenen Dimensionen geschaffen. Davon zeugen auch die Kreationen der Stararchitekten, die ihre Bauwerke wie Schmuckstücke in die Landschaft gesetzt haben. Wie das Getty Center von Richard Meier und die Walt Disney Concert Hall von Frank O. Gehry, das Hollyhock House von Frank Llyod Wright und das Gamble House der Gebrüder Greene. In den berühmten Krankenhäusern wie dem Cedars-Sinai in Beverly Hills oder dem UCLA Medical Center in Westwood werden medizinische Wunder vollbracht – nicht nur beim Facelifting.

Ein paar Mal ist die Stadt der Superlative knapp am Untergang vorbeigeschlittert. Nach dem Goldrausch wäre sie wegen der extremen Klimaverhältnisse beinahe wieder vom Erdboden verschwunden. Erst mit der Southern Pacific

Wenn die Erde bebt

Was Sie im Ernstfall tun können

Die Pazifische Platte bewegt sich pro Jahr um 5 cm gen Norden. *The Big One,* das große Beben, kann theoretisch jederzeit ausbrechen. Das einzige, was Sie tun können, ist nicht in Panik zu geraten. Ein paar Verhaltensmaßregeln für den Ernstfall: im Haus hinlegen und den Kopf mit den Armen schützen, unter schwere Möbel kriechen oder in einen Türbogen stellen. Draußen: weg von Gebäuden, Straßenlaternen, Telefon- oder Stromleitungen und Bäumen! Wenn Sie in einem geschlossenen Raum (z. B. Kino oder Theater) sind: nicht zum Notausgang stürzen, sondern hinlegen und sich schützen. Im Hochhaus: auf dem Stockwerk bleiben, nicht den Fahrstuhl benutzen. Achtung, die Sprinkleranlagen, die überall eingebaut sind, können aktiv werden. Im Auto: nicht unter oder auf Brücken anhalten, an die Seite fahren und im Auto bleiben. Immer auf Nachbeben gefasst sein!

Botticellis Venus auf Rollerblades – Wandgemälde in Venice

Railroad von San Francisco und später der Santa-Fé-Eisenbahnlinie, die Los Angeles mit Chicago verband, ging's Ende des 18. Jhs. wieder aufwärts. Die Zitrusfarmer fanden neue Absatzmärkte, und obendrein wurde Öl entdeckt. Vom schwarzen Gold werden noch heute täglich etwa 150 000 t in der Stadt gefördert. Zu Beginn des 20. Jhs. hatte sich das Blatt für die junge Stadt endgültig gewendet. Während sich in Europa der Erste Weltkrieg ankündigte, gründete der Schwabe Carl Laemmle eines der ersten Filmstudios, die Universal Studios. Weitere folgten, denn auf die Sonne war Verlass: Außenaufnahmen waren kostengünstiger als Studioproduktionen. Noch heute stolpert man fast täglich über Straßensperren, hinter denen eine TV-Serie, ein Werbespot oder eine Filmszene gedreht wird.

»Dimensionen der Superlative«

Einen Dämpfer erhielt das pulsierende Leben mit der Prohibition, die 1917 bis 1934 den Ausschank von Alkohol verbot. Der Zweite Weltkrieg jedoch brachte wirtschaftlichen Aufschwung für die Rüstungsindustrie. In den 1990er-Jahren folgte erneut ein Rückschlag: Die Stadt wurde von *riots*, Straßenkämpfen, in den von African Americans bewohnten Stadtteilen, von Erdbeben und der Schließung vieler Militärstützpunkte in die Rezession getrieben. Nicht auszudenken, was passiert wäre, wenn sich auch die Filmindustrie noch woanders niedergelassen hätte. Die wirtschaftliche Unsicherheit hängt wie ein Damoklesschwert über der Stadt. Nur auf eins kann man sich in L. A. immer verlassen – auf den strahlend blauen Himmel und den Sonnenschein.

SAUSAGE

Phantasie und Wirklichkeit

Für L. A., die Stadt der Träume und unbegrenzten Möglichkeiten, gibt es keine Maßstäbe

Architektur

Mit den dickwandigen Adobehäusern (Adobe: in der Sonne getrocknete Lehmziegel), die mexikanischen und spanischen Kolonialbauten gleichen, fing es an. Eins der ersten und noch erhaltenen ist Avila Adobe *(Downtown, 10 Olvera St.)*. Heute findet man in Los Angeles die unterschiedlichsten Baustile der letzten hundert Jahre. Verwirklichte Träume von Architekten, die sich vom sonnigen Klima inspirieren ließen. Ein Meilenstein in der Architektur ist das 1929 von dem Österreicher Richard M. Neutra entworfene Lovell House in Griffith Park mit seinen geometrischen Formen, leichten Stahlrahmen, und frei stehenden Balkonen. Landsmann Rudolf M. Schindler baute 1921 das Schindler House in West Hollywood, ein für die damalige Zeit unkonventionelles Bauwerk mit Schiebetüren und -wänden, die die Grenzen von Innen und Außen verwischen. Frank Lloyd Wright, Apostel der organischen Architektur, hinterließ u. a. mit dem Hollyhock und dem Ennis Brown House seine Spuren. Und seit 1960 schwebt das Chemosphere von John Lautner auf einem Bein hoch über dem Boden in den Hollywood Hills. Zwischen 1945 und 1962 schuf die Avantgarde der Architekten, u. a. Charles und Ray Eames und Pierre Koenig, 36 so genannte Case Study Houses, modernistische Prototypen für einfache, preiswerte Häuser, die überall in L. A. stehen und den Baustil bis heute beeinflussen. Einer der berühmtesten Architekten der Neuzeit ist Frank O. Gehry, dessen Walt Disney Concert Hall Downtown ihre silbernen Flügel bauscht. Wolkenkratzer gibt es erst seit den 1960er-Jahren. Aus Angst vor Erdbeben ließ man davon ab. Heute residieren vor allem Banken in den Glas- und Stahlkonstruktionen, die dank erdbebensicherer Bauweise nur hin- und herschwingen, wenn's bebt.

Flanieren unter Palmen: Universal City

Hollywood History

Der »Vater der Filmindustrie« und Gründer der Universal Studios, der Schwabe Carl Laemmle, gab das Startzeichen für viele deutschsprachige Künstler wie Erich von Stroheim, Paul Leni, Robert Siodmak, ihr Glück im jungen Hollywood zu versuchen. Laemmle erfand auch den Starkult, überzeugt, dass öffentliche Auftritte der Schauspieler die Filme besser verkauften. Die Studios schossen wie Pilze aus dem Boden: Columbia, Metro Goldwyn Mayer (MGM), Paramount, Warner Brothers, 20th Century Fox u. a. Schauspieler, Produzenten und Regisseure waren Angestellte der Studios und bekamen feste Gehälter. Das änderte sich nach dem Zweiten Weltkrieg. Viele Produzenten machten sich selbstständig und arbeiteten mit Künstlern, die sie für ihr jeweiliges Projekt am besten geeignet hielten. Dabei setzten sie jedesmal alles auf eine Karte. Waren sie erfolgreich, standen ihnen alle Studiotüren offen. Im umgekehrten Fall heißt es noch heute: »Du bist nur so gut wie dein letzter Film.«

Zu den großen, deutschsprachigen Regisseuren ihrer Zeit zählten Billy Wilder (»Manche mögen's heiß«), Fred Zinnemann (»High Noon«), Fritz Lang (»M«). Der Österreicher Otto Preminger machte sich als Produzent einen Namen; zu den Leinwandstars gehörten Peter Lorre, Marlene Dietrich und Hedy Lamarr. In der Nachkriegszeit verloren die Studios das Recht, eigene Filmtheater zu besitzen und somit nur ihre Filme zu zeigen. Die neuen Besitzer konnten nun wählen, was sie dem Publikum anbieten wollten. Diese neue Produktions- und Distributionsmethode führte zum *package-deal system*, das nur auf den Erfolg an der Kinokasse ausgerichtet ist. Viele der emigrierten Regisseure der Alten Schule hatten Schwierigkeiten mit dieser Neuregelung, denn was nun zählte, war nicht unbedingt Qualiät, sondern wie viel Geld ein starbesetzer »Streifen« einbringen konnte. Zum Glück werden heute auch wieder Filme ohnes großes Staraufgebot produziert, von denen niemand weiß, ob sie groß rauskommen. Das sorgt immer wieder für Überraschungen, die sich neben den Blockbustern behaupten können.

Smog

Eine der meistbenutzten Vokabeln im Sprachgebrauch der Angelenos ist *smog*. Das Wort setzt sich zusammen aus *smoke* (Rauch) und *fog* (Nebel). Die US Environmental Protection Agency verlangte 1988

»The envelope, please«

Oscar – wer ihn bekommt, der hat's geschafft

Am 16. Mai 1929 wurde die vergoldete Statue im Hollywood Roosevelt Hotel zum ersten Mal verliehen. Die Gewinner standen vorher fest, und der beste Schauspieler, Emil Jannings, befand sich bereits auf dem Heimweg nach Deutschland, als die Zeremonie stattfand. Die Academy of Motion Pictures – heute hat sie ca. 5700 Mitglieder aus der Showbranche, die ihre Stimmen abgeben – nannte den Preis 1939 Oscar. Woher der Name kommt, ist unklar. Zur Zeit werden die Oscars (offiziell Academy Awards) im Kodak Theatre in Hollywood verliehen, und wenn der Umschlag geöffnet wird, ist die Spannung groß.

Fit sein ist alles – Jogger in Santa Monica

von Los Angeles strikte Maßnahmen für die Smogreduzierung oder Hunderte von Millionen Dollar Strafe. Und tatsächlich – die Luftwerte haben sich in den letzten Jahren erheblich verbessert, die Verschmutzung konnte bereits um über 50 Prozent reduziert werden.

Straßenkämpfe

Nach der Ermordung von Martin Luther King jr. (1968) kamen bei bürgerkriegsähnlichen Unruhen in Watts, einem von African Americans bewohnten Viertel, 32 Menschen ums Leben. 1992 führte der Freispruch vier weißer Polizisten, die einen schwarzen Autofahrer verprügelt hatten, zu Straßenkämpfen, die 40 Menschen das Leben kosteten und Schäden in Milliardenhöhe verursachten. Anfang 2005 erschoss ein weißer Polizist einen 13-jährigen schwarzen Autodieb. Auch mit diesem Prozess verknüpfen sich wieder schlimmste Befürchtugen.

Trends

Neue Trends für Diätfanatiker und Gesundheitsbewusste, New-Age-Anhänger und Fitnessbegeisterte haben hier ihre Wiege. Man glaubt an die Kraft der Elemente und richtet sein Leben nach den Sternen. Man kommuniziert mit den Verstorbenen und macht sich mit dem Leben nach dem Leben vertraut wie die Schauspielerin Shirley MacLaine. Es gibt mehr Akupunkturkliniken, Homöopathen, Wunderheiler, Wahrsager, Therapie- und Yogazentren als anderswo. Selbst Haustiere werden genadelt, massiert und sogar therapiert. Das geht der Einfachheit halber per Telefon und Kreditkarte. Der letzte Schrei sind Botox-Parties. Man trommelt ein paar Freundinnen zusammen und lässt sich im Wohnzimmer das Nervengift Botox in Stirn, Wangen oder sonstwohin spritzen. Der Wirkstoff legt einzelne Nerven lahm, und die Falten verschwinden – für kurze Zeit zumindest.

Feste, Events und mehr

Die multikulturelle Stadt sorgt für ein reiches Angebot an attraktiven Festen

Was für die einen ein Feiertag, ist für andere *business as usual*, das heißt, viele Geschäfte, Restaurants und Kinos sind an den meisten Festtagen geöffnet. Einigkeit herrscht lediglich an amerikanischen Holidays wie *Fourth of July* (Tag der Unabhängigkeit) und *Thanksgiving* (Erntedankfest). Auskünfte finden Sie in der *Calendar Section* der »Los Angeles Times« und der kostenlosen Zeitung »L.A. Weekly«.

Tournament of Roses Parade

Offizielle Feiertage

Schulen, Postämter, Banken, Museen, Behörden, sind geschlossen am: **1. Jan.** *New Year's Day* (Neujahrstag); **3. Mo im Jan.** *Martin Luther King Jr. Day*; **3. Mo im Feb.** *President's Day*; **letzter Mo im Mai** *Memorial Day* (Gedenktag für die Toten und Kriegsopfer/Start der Sommersaison); **4. Juli** *Fourth of July, Independence Day* (Unabhängigkeitstag); **1. Mo im Sept.** *Labor Day* (Tag der Arbeit/Ende der Sommersaison); **2. Mo im Okt.** *Columbus Day*; **11. Nov.** *Veterans Day*; **4. Do im Nov.** *Thanksgiving Day* (Erntedankfest); **25. Dez.** *Christmas* (Weihnachten).

Besondere Veranstaltungen

Januar

Um 8 Uhr am ersten Morgen des neuen Jahres startet die traditionelle *Tournament of Roses Parade* auf dem Colorado Blvd. in Pasadena. Der 8 km lange Umzug endet in der Rose Bowl mit dem *Annual Rose Bowl Game*, einem Footballspiel. *www.tournamentofroses.com*

Februar

Beim Chinesischen Neujahrsfest *(Chinese New Year)* tanzen lange Papierdrachen durch die Straßen, Knaller verscheuchen böse Geister.

März

St. Patrick's Day ist der Feiertag der Iren zu Ehren ihres Schutzheiligen. Man trägt etwas Grünes und lässt sich das Bier im Pub schmecken. Die *Annual Academy Awards Ceremony* (Oscar-Verleihung) im Kodak Theatre in Hollywood versetzt die gesamte Stadt in einen Partyrausch.

April

Toyota Grand Prix in Long Beach: Ein Wochenende lang fegen die Rennwagen der Indy-Klasse (ähnlich der Formel Eins) durch die Straßen. *www.longbeachgp.com*

Mai

★ *Cinco de Mayo*, der Mexikanische Unabhängigkeitstag wird eine Woche lang um den 5. Mai herum in der ganzen Stadt zelebriert. Vor allem in Downtown: Essensstände, Mariachimusik und Latinostars.

Juni

Am 2. Wochenende des Monats spielen erstklassige Jazz-, Big Band-, Fusion-, Latin- und Bluesmusiker auf dem *Playboy Jazz Festival* in der Hollywood Bowl.

Juli

Überall spektakuläres Feuerwerk zum *Fourth of July*, dem amerikanischen Unabhängigkeitstag.

August

In Little Tokyo wird das japanische Insider Tipp *Nisei Week Festival* gefeiert, mit Geishatänzen, Kabukitheater und vielen Leckereien.

September

★ *Happy Birthday Los Angeles!* Die Geburtstagsparty findet auf dem El Pueblo de Los Angeles Plaza mit Essensständen und Musik statt.

Oktober

Halloween: Am 31. huschen Furcht erregende Gestalten umher, leuchtende Kürbisse mit geschnitzten Gesichtern stehen in den Gärten und verkleidete Kinder ziehen von Tür zu Tür und fordern Süßigkeiten.

November

Die Verballhornung der Tournament of Roses Parade wird mit der *Doo Dah Parade*, auch in Pasadena, gefeiert. Skurril: die Businessmen in dunklen Anzügen und Krawatte, die in präzisem Einheitsdrill marschieren.

Dezember

Künstlicher Schnee, Lichterketten, Rentiere und Santa Claus all überall. Gleich nach Thanksgiving findet die *Hollywood Christmas Parade*, ein weihnachtlicher Umzug, auf dem Hollywood Blvd. statt.

Konzert in der Hollywood Bowl

CHARLIE SHEEN

Wolkenkratzer, Strände und Kultur

In Los Angeles finden Sie die ganze Welt in der Nussschale

Zugegeben, Los Angeles ist keine Stadt, bei der man ins Schwärmen gerät, wenn man nur den Namen hört. Sie hat keine tausendjährige Geschichte und erscheint vielen als künstliches Schlaraffenland für Leute, die nicht in dieser Welt leben. Man denkt an Stars und Millionäre, die sich in goldenen Gettos vor dem Rest der Welt verschanzen, an schlechte Luft, Erdbeben und Bandenkriminalität, an ewigen Sonnenschein, Palmen und endlose Strände. Doch Los Angeles ist mehr, hat viele Gesichter, und es lohnt sich, neben den bekannten Sehenswürdigkeiten auch die anderen Seiten dieser Stadt zu erkunden.

Am besten beginnt man *Downtown*, in der Keimzelle dieses Molochs. Nachdem es Jahrzehnte vor sich hin gedämmert hatte, ist es heute wieder attraktiv geworden. In den 1970er-Jahren siedelten sich viele Banken und Firmen in den neuen Wolkenkratzern an, und L. A. avancierte zum größten Bankenzentrum der Westküste. Der Broadway allerdings ist teilweise zur Billigmeile heruntergekommen.

Die Sterne der Stars: der Walk of Fame auf dem Hollywood Boulevard

Am Rodeo Drive ist Shoppen teuer

Ende des 19. Jhs. bis in die 50er-Jahre des 20. Jhs., bevor es Shoppingmalls und Freeways gab, war er noch Hauptschlagader von Downtown – mit Geschäften, Restaurants und Filmtheatern. Heute reihen sich vom Olympic Boulevard bis Third Street überwiegend mexikanische Läden mit Sonderangeboten, Imbisse und Juweliere aneinander, und man vergisst, dass man in den USA ist. Englisch ist hier nur Zweitsprache. Hier stehen noch viele historische Gebäude, überwiegend im viktorianischen oder im Art-déco-Stil, sowie einige alte Filmpaläste.

Steigen Sie in den DASH (Minibus), der Sie von einer Sehenswürdigkeit oder von einem Shoppingparadies zum nächsten bringt. Genießen Sie Dim Sum in Chinatown oder eine *California roll* in Little Tokyo, kaufen Sie Lederwaren auf der

Blick aufs Lichtermeer der Glitzermetropole: Downtown bei Nacht

Olvera Street, lassen Sie sich von Ihrer Nase zu den Ständen des Grand Central Market führen, und sehen Sie sich die Diamanten im Jewelry Center auf Hill Street zwischen Sixth und Seventh Street an! Besuchen Sie das MOCA oder Geffen Contemporary, und gehen Sie zum *five o'clock tea* ins Regal Biltmore Hotel. Und wenn die Sicht klar ist, sollten Sie sich einen schönen Überblick aus dem gläsernen Fahrstuhl des Westin Bonaventure Hotels gönnen *(404 S. Figueroa St., zwischen 4th und 5th Street)*.

Wer sich noch nicht sofort mit dem Auto auf die Freeways wagen möchte, kann auf dem Sunset Boulevard, der bei Pueblo de Los Angeles anfängt und 37 km weiter in Pacific Palisades am Meer endet, gen Westen fahren. Der Boulevard der Träume, wie Sunset auch genannt wird, windet sich durch die unterschiedlichsten Stadtteile von Los Angeles und vermittelt einen guten Eindruck der sozialen und landschaftlichen Vielfalt. Die interessantesten Berührungspunkte sind Hollywood, West Hollywood, Beverly Hills, Westwood und Santa Monica. Diese Fahrt ist aber nur ein erstes Schnuppervergnügen, denn jedes dieser Stadtviertel verdient es, länger angeschaut zu werden.

AQUARIUM

Long Beach Aquarium of the Pacific [129 D6]

Das größte Aquarium der Welt konzentriert sich auf den Pazifik und seine vielen zum Teil recht merkwürdigen Bewohner. Hier können Sie Seelöwen, Seehunde, weiße Haie und anderes Getier hautnah erleben. Babyhaie kann man sogar anfassen. *$ 20,25, Parken $ 7, tgl. 9–18 Uhr, 100 Aquarium Drive, südlich vom West Shoreline Drive, Long Beach, www.aquariumofpacific.org*

AUSSICHTSPUNKTE

Es gibt Tage, an denen man eine gute Sicht hat. Wenn die Santa-Ana-Winde oder ein Regensturm die Luft klar gefegt haben, eröffnet sich einem eine völlig neue Welt.

Palisades Park [120 A6]

Hoch oben über dem PCH in Santa Monica laden Bänke unter Palmen zum Blick übers Meer in die scheinbar endlose Ferne ein. *Ocean Ave., zw. Colorado Ave./San Vicente Blvd.*

Palos Verdes [128 B–C 5–6]

Insider Tipp

Der südlichste Zipfel der Bucht von Santa Monica ist ideal zum Beobachten von Grauwalen, die von Dezember bis März/April auf ihrem fast 10 000 km langen Weg nach Alaska an der Küste vorbeiziehen.

Westin Bonaventure Hotel [118 C4]

Insider Tipp

Einen schönen und kostenlosen Blick über Downtown hat man vom gläsernen Fahrstuhl des Hotels, das von John Portman entworfen und 1976 gebaut wurde. Der Fahrstuhl saust außen am Gebäude in atemberaubender Fahrt 35 Stockwerke rauf und runter. Oben angekommen, sollte man das Restaurant *Top of Five* besuchen, das sich langsam dreht, und bei einem der vortrefflichen Cocktails den Blick über die Stadt genießen. *404 South Figueroa St., zw. 4th/5th St.*

MARCO POLO Highlights »Sehenswertes«

★ **Walt Disney Concert Hall**
Außen Kunst, innen mit der Los Angeles Philharmonic Musik vom Feinsten (Seite 27)

★ **Rodeo Drive**
Eines der teuersten Shoppingpflaster der Welt (Seite 36)

★ **El Pueblo de Los Angeles**
Geburtsort der Stadt mit buntem Treiben à la Mexiko (Seite 27)

★ **Farmers Market**
Leckereien aus aller Welt (Seite 29)

★ **Kodak Theatre**
Das neue Zuhause für die Oscar-Verleihung (Seite 26)

★ **Cathedral of our Lady of the Angels**
Die drittgrößte Kathedrale der Welt (Seite 25)

★ **L. A. Central Public Library**
Bücher, Kunst und freier Internetanschluss (Seite 26)

★ **Sunset Strip**
Rockclubs, Restaurants, Boutiquen und jede Menge Fun (Seite 34)

★ **Universal Studios**
Haarsträubende Abenteuer aus der Filmwelt in 3-D und und viel mehr (Seite 39)

★ **Venice Beach**
Touristenrummel mit Action und Seeluft (Seite 36)

BAHNHOF

Union Station **[119 F3]**
Das Schmuckstück im spanischen Missionsstil mit runden Torbögen und stolzem Turm ist einer der letzten großen Bahnhöfe Amerikas – entworfen von den Architekten John und Donald Parkinson und gebaut 1939 gemeinsam von der Southern Pacific, Union Pacific und Santa Fe Railroad. Der Marmorboden und die kathedralenartigen Deckenbalken der Bahnhofshalle sind Zeugen des Glamours alter Zeiten, als Hollywoodstars wie Marlene Dietrich noch mit dem Zug fuhren. Heute fahren hier die Amtrak-Fernzüge und die Züge für das Metro-Rail- und Metrolink-System, das Downtown mit den Vororten verbindet. Gleich dahinter liegt das neue *Gateway Transit Center (Cesar E. Chávez Ave./Vignes St.)*, Hauptsitz der Metropolitan Transportation Authority. Interessant sind die Wandmalereien von James Doolin u. a., die Los Angeles um ca. 1870, 1910, 1960 und nach 2000 zeigen. *800 N. Alameda St., zw. E. Macy St./Santa Ana Freeway*

FRIEDHÖFE

Hollywood Memorial Park Cemetery **[125 E2]**
Besuchen Sie Rudolph Valentino und Jane Mansfield, aber erwarten Sie keinen Hollywood-Glanz. Der Friedhof ist etwas verkommen. Am Eingang liegen Pläne aus, die zeigen, wer wo begraben liegt. *6000 Santa Monica Blvd./Beachwood Dr., tgl. 8–13 Uhr*

Pet Haven **[128 C4]**
Über 30 000 Vierbeiner und ein Goldfisch haben hier ihre ewigen Jagdgründe gefunden. Begraben unter Steinplatten mit ihren Fotos drauf oder unter riesigen Bronze- und Steinskulpturen, die sie zu Lebzeiten sicher angebellt hätten, liegen hier Didi, Bobo, Taffy und wie sie alle heißen. *18300 S. Figueroa St., Gardena*

Entspannen & Genießen

Loews Fitness Center & Spa

Sie müssen nicht im Hotel wohnen, um sich hier verwöhnen zu lassen oder am Pool in der Sonne zu liegen und aufs Meer zu schauen. Das Spa-Angebot reicht von Aromatherapie, Mud Body Wrap, Bikini Wax, Maniküre etc. über Massagen wie Deep Tissue, Reflexology, Shiatsu bis zu entspannenden Facials, verjüngenden Peelings und mehr; fragen Sie nach Birgit. Einen Frisör gibt's auch (Geheimtipp: Douglas) – beide sprechen deutsch. Wenn Sie möchten, können Sie auch im Gym Gewichte stemmen, auf der Treadmill joggen und anschließend in der Sauna oder im Dampfbad schwitzen. *Tgl. 6–22 Uhr. $ 25 für den ganzen Tag, Yoga und Pilates am Abend $ 12. Loews Santa Monica Beach Hotel, 1700 Ocean Avenue (zw. Pico/Colorado Blvds.), Tel. 1-310-899-4040*

Westwood Memorial Park [123 D2]
Nicht gerade romantisch, sondern umgeben von Hochhäusern auf einem Stück Land, das zu den teuersten der ganzen Stadt gehört, liegt Marilyn Monroe begraben. Zu ihren berühmten Nachbarn gehören u. a. Natalie Wood, Truman Capote, Donna Reed und John Cassavetes. *1218 Glendon Ave., zw. Wellworth Ave./Wilshire Blvd., Westwood*

GÄRTEN & PARKS

Ballona Wetlands [128 B4]
Ein Sieg für die Umwelt ist die Erhaltung der *Ballona Wetlands*, einer Salzwassermarsch, die einst Venice, Marina del Rey und Teile von West L. A. bedeckten. Sie sind Brutrevier vieler Fisch- und Vogelarten und bieten ein Zuhause für seltene Pflanzen. Heute ist ein Teil offen für Besichtigungen. *Südwest Ecke Lincoln/Jefferson Blvds., Playa del Rey, Führungen: Tel. 1-310-757-52 00, www.ballonafriends.org*

Griffith Park [128 C2]
Der größte Stadtpark der Nation (fünfmal so groß wie New Yorks Central Park) ist ein Geschenk des Millionärs Griffith J. Griffith und liegt am Fuß der Santa Monica Mountains. 30 Jahre lang war er teilweise Müllhalde. Seit 1896 hat sich die Landschaft durch Feuer, Trockenheit und Überflutungen immer wieder verändert. Heute sind die Cañons mit ihrem wilden Charme ein Revier für Vogelbeobachter und Wanderfreunde. Es gibt 90 km Wander- und Radwege. Einer der schönsten ist der *Ferndell Trail*, der an heißen Tagen Kühle spendet. Den Namen hat er von den 140 Farnarten, die hier gedeihen. Nicht selten sieht man Rehe und Hirsche. Wer mag, setzt sich aufs Pferd; es gibt mehrere Ställe im Park. Ein besonderes Erlebnis sind die nächtlichen *Moonlight Rides* von der *Sunset Ranch (Tel. 1-323-469-54 50)*, auf denen man Kojoten hört und wo das Knacken im Gebüsch die Phantasie auf Hochtouren bringt. In der südöstlichen Ecke neben dem Los-Felíz-Eingang ist das Kinderparadies mit Ponyreiten und Karussells. Sportfans können sich auf 24 Tennis- und vier Golfplätzen, mehreren Fußballfeldern und im riesigen Swimmingpool austoben. Im *Greek Theatre* finden im Sommer Openairkonzerte statt. Außerdem befinden sich hier das *Observatorium* und *Planetarium (wegen Umbau bis auf weiteres geschl.)*, das *Autry Museum of Western Heritage* und der *Los Angeles Zoo*. Der Park ist umgeben von drei Freeways: Golden State (I-5), Ventura (I-134) und Hollywood (I-101). Es gibt mehrere Eingänge, am besten ist *4730 Crystal Springs Drive vom I-5 Fwy.*, wo die Rangerstation Karten und Informationen bereithält.

Insider Tipp

Huntington Arts Collection, Library and Botanical Gardens [129 E2]
Jährlich kommen 500 000 Besucher, um das ehemalige Zuhause von Eisenbahnmillionär Henry E. Huntington, dem Gründer der Pacific Electric Railway Company, zu besuchen. Das Anwesen auf dem ca. 84 ha großen Grundstück umfasst eine mit seltenen Werken bestückte Bibliothek (u. a. das Manuskript von Benjamin Franklins Autobiografie, eine Gutenberg-Bibel sowie Shakespeare-Erstausgaben) und ein

Eine Oase der Ruhe ist der japanische Garten im Huntington-Komplex

ausgezeichnetes Museum mit Gemälden des 18. und 19. Jhs. und erlesenen Möbeln. Bemerkenswert die schönen botanischen Gärten mit Azaleen und Kamelien und der Rosengarten, in dem 1000 verschiedene Sorten blühen. Ein bizarres Vergnügen bieten die riesigen Kakteen- und dichten Dschungelgärten. Meditative Ruhe strahlt der Japanische *Zen Rock Garden* mit Koi Pond und Bonsais aus. Im *Rose Garden Room* wird englischer Tee serviert *(nur mit Reservierung, Tel. 1-626-683-81 31, Tee mit Sandwichbüfett $ 15). Mo geschl., Eintritt Garten und Museen $ 10, jeden 1. Do im Monat freier Eintritt, Tel. 1-626-405 21 00, 1151 Oxford Rd./Allan Ave., San Marino, www.huntington.org*

Insider Tipp

Self-Realization Fellowship Lake Shrine [128 A3]

Kurz bevor der Sunset Boulevard am Meer endet, auf der linken Seite, angelegt von einer weltweiten Organisation, die Meditation und Toleranz pflegt. Mit einem künstlichen See, auf dem Schwäne schwimmen und in dem die dicksten Karpfen leben, haben die Mönche dieses Schreins eine Oase der Ruhe geschaffen. In einem Marmorsarg befindet sich ein Teil der Asche von Mahatma Gandhi, der Rest wurde in Indien verstreut. *Eintritt frei, Di–Sa 9 bis 16.30, So 12.30–16.30 Uhr, an Feiertagen und manchmal Sa geschl., 17190 Sunset Blvd.*

GEBÄUDE

Bradbury Building [119 D4]

Der arbeitslose Designer George H. Wyman, der nie zuvor ein Haus gebaut hatte, nahm den Job an, nachdem sein toter Bruder es ihm bei einer Séance befohlen hatte. Anregung fand er in Edward Bellamys Novelle »Looking Backward« von 1887, die als Utopie die Zivilisation im Jahr 2000 beschreibt. Leider starb George, bevor das Haus 1893 fertig wurde. Das Innere ist ein Kunstwerk aus Marmor, Eisen, Holz und Glas. Seit 1960 National Monument, diente es in vielen Filmen, u. a. in »Blade Runner« und »Chinatown«, als Kulisse. *So geschl., 304 S. Broadway/W. Third St.*

Capitol Records Tower [121 E1]
Der runde, zwölfstöckige Turm von 1956 ist ein Wahrzeichen von Hollywood. Er sieht aus wie ein Stapel alter Vinylschallplatten. Das Blinklicht auf dem Dach morst »Hollywood«. *1750 N. Vine St./Yucca St., zw. Franklin Ave./Hollywood Blvd.*

Cathedral of our Lady of the Angels [119 E3]
★ 2002 wurde Downtown die drittgrößte Kathedrale der Welt eröffnet. Der betont schlichte Bau des spanischen Architekten José Rafael Moneo fasst bis zu 3000 Besucher, und nochmal 6000 finden draußen auf dem Kirchhof Platz. Es gibt ein Mausoleum und eine Gruft, die zusammen über 6000 Dahingeschiedene aufnehmen können. Das Relief auf den fast 10 m hohen Bronzetüren – entworfen von dem in L. A. lebenden Bildhauer Robert Graham – symbolisiert vierzig Kulturen, u. a. die der Ureinwohner von L. A. *Freies Orgelkonzert jeden Mi 12.45 bis 13.15 Uhr, Öffnungszeiten tgl. 6.30–18 Uhr, 555 W. Temple St. (zw. Grand Ave./Hill St.), www.olacathedral.org*

City Hall [119 E3–4]
Das Wahrzeichen der Stadt – und Arbeitsplatz von Superman in der gleichnamigen Fernsehserie aus den 50ern – wurde Ende 1920 fertig gestellt. Das 27 Stockwerke hohe Art-déco-Schmuckstück mit dem pyramidenartigen Dach auf der Turmspitze war bis 1957 das einzige Gebäude, das das Höhenlimit von 13 Stockwerken überschritt, und bis 1959 das höchste Gebäude in Downtown. Vom *Observation Deck* hat man einen wundervollen Blick auf den 24 km entfernten Mount Wilson. *200 N. Spring St., zw. West 1st/W. Temple St.*

Ennis Brown House [125 F1]
Quadratisch, eckig, trotzig wie ein Mayatempel sitzt das Frank-Lloyd-Wright-Haus seit 1924 hoch oben in den Hügeln von Los Felíz. Nach dem letzten Erdbeben 1994 mussten 3500 neue Blöcke nachgefertigt werden, das Stück zu $ 250. Bemerkenswert sind die auch von Wright entworfenen blauen Glasfenster. *Besichtigung Di, Do, Sa 11, 13, 15 Uhr, 20 $, Tel. 1-323-660-06 07, 2655 Glendower Ave., zw. Bryn Mawr Rd./N. Catalina St., www.ennisbrownhouse.org*

First Interstate World Center [118 C4]
Das höchste Gebäude westlich vom Mississippi wurde 1990 von Henry N. Cobb entworfen. Der etwas über 309 m hohe Wolkenkratzer, der wie eine römische Säule in den Himmel ragt, hat 73 Stockwerke. Hier haben viele Anwälte ihre eleganten Büros. In dem Film »Independence Day« wurde der Wolkenkratzer völlig zerstört. *633 W. Fifth St., zw. S. Grand Ave./Hope St., gegenüber der Central Library*

Gamble House [129 E2]
Das japanisch angehauchte Feriendomizil von David und Mary Gamble aus Cincinnati (die Gambles

von Procter & Gamble) wurde 1908 von Charles und Henry Greene im damals modernen *Bungalow Style* gebaut. Ein handwerkliches Meisterwerk aus Teak- und Zedernholz, Eiche, Ahorn und Redwood. Wunderschön ist die Eingangstür, hinter der ein knorriger Baum aus Glas zu wachsen scheint. Flaches Schuhwerk ist erbeten. *$ 8, Do–So 12–15 Uhr, alle 15–20 Min. startet eine einstündige Tour, 4 Westmoreland Place, bei North Orange Grove, Pasadena, Tel. 1-626-793-33 34, www.gamblehouse.org*

Kodak Theatre **[120 B2]**
★ Das Kodak Theatre, neues Zuhause der Oscar-Verleihung, ist seit Ende 2001 das Kronjuwel des Hollywood und Highland Entertainment Complex mitten im historischen Herzen von Hollywood. Der $ 94 Mio. teure Bau der New Yorker Rockwell Group bietet *state-of-the-art*-Technologie, die Theater- und Ballettaufführungen, Shows, Musicals und Konzerte zu einem einmaligen Genuss für Augen und Ohren macht. Die Bestuhlung kann je nach Anlass von 2200 auf 3500 Plätze erweitert werden. Funkelnde Glasperlen und Kronleuchter glittern: Man weiß, dass man in Hollywood ist. *Tgl. Touren: 1-323-308-63 79, $ 15; 6801 Hollywood Blvd./Highland, www.Kodaktheatre.com*

Los Angeles Central Public Library **[118 C4]**
★ Der 1930 von Carleton Winslow Sr. und Bertram Goodhue erbaute Beaux-Arts-Komplex mit byzantinischen, ägyptischen und romanischen Einflüssen ist eine echte Augenweide. Nach einem Brandanschlag, dem 1986 zwanzig Prozent der Bücher zum Opfer fielen, wurde das Gebäude restauriert und 1993 neu eröffnet. Heute ist es die drittgrößte Bibliothek Amerikas. Im ersten Stock lohnt sich der Blick auf die Wandmalereien, die Kaliforniens Geschichte erzählen. Vor dem Eingang stehen Kunstwerke wie der Brunnen »Spine« von Judd Fine, die die Evolution von Sprache und Intellekt darstellen. Hier kann man auch kostenlos ins Internet und seine E-Mail abfragen. *630 West 5th St., zw. Flower/Grand St., www.lapl.org*

Insider Tipp

Mann's Chinese Theatre **[120 B2]**
Dieser chinesische Phantasiebau mit seinen Pagoden und Tempeln von Filmimpresario Sidney Grauman erlebte seit der Fertigstellung 1927 viele Filmpremieren. Er ist vor allem berühmt, weil auf dem Vorplatz die Hand- und Fußabdrücke der Stars, z. B. von Humphrey Bogart und Marilyn Monroe, einzementiert sind. *6925 Hollywood Blvd., zw. Orchid Ave./N. Orange Dr., www.manntheatres.com*

Pacific Design Center **[124 B3]**
Von dem argentinischen Architekten Cesar Pelli entworfen und 1975 gebaut, hat der *Blue Whale*, wie das kobaltblaue Glasungeheuer auch genannt wird, die Gemüter erhitzt. Seinem Bau fielen fast alle der kleinen Geschäfte auf Melrose Avenue zum Opfer. Mit ca. 300 Showrooms ist es das größte Zentrum für Interieurdesign an der Westküste. 1988 kam ein zweites Gebäude, diesmal in dramatischem Grün, dazu. Die neueste Attraktion sind zwei Riesenskulpturen aus Stahl von der Designfirma Selber Perkins, die einen Stuhl *(Seat of Design)* und eine Lam-

Der »Blauwal« ist gestrandet: Pacific Design Center an der Melrose Avenue

pe *(Illuminating Design)* darstellen und an der Ost- bzw. Westecke von Melrose Ave. stehen. *8687 Melrose Ave./San Vicente Blvd., West Hollywood, www.pacificdesigncenter.com*

Walt Disney Concert Hall [119 D3]

★ Das neue Zuhause der Los Angeles Philharmonic, das einem Schiff mit zu vielen geblähten Segeln gleicht, sitzt mitten auf dem historischen Bunker Hill Komplex, Downtown. Ein $-50-Mio.-Geschenk der verstorbenen Lillian Disney (Walt Disney's Ehefrau) legte 1987 den Grundstein für die insgesamt $ 274 Mio. teure Ergänzung zum Music Center, die im Oktober 2003 eingeweiht wurde. Die Harmonie von Form, Ästethik und Akustik war eine Herausforderung für den Architekten Frank O. Gehry, die sich gelohnt hat: die 2265 Sitze fassende Halle ist nicht nur einmalig in ihrem Stil, sie hat auch eine tolle Akustik. *135 North Grand Ave/First St., www.disneyhall.com*

HISTORISCHE STÄTTEN

The Old Firehouse [119 F2]

In dem Gebäude von 1884 sind Feuerwehrzubehör und alte Fotos zu besichtigen. Kostenlose 50-minütige Touren führen ins *Merced Theatre* (1870), das den italienischen Freimaurern gehörte, in die *Masonic Hall* (1858), ein zweistöckiges Renaissancegebäude, zum *Pico House* (1870), dem ehemals schönsten Hotel südlich von San Francisco, und zum *Garnier Block* (1890), in dem einst Chinesen lebten, die in Chinatown ihre Geschäfte hatten. Fragen Sie nach den unterirdischen Gängen, die von den chinesischen Einwanderern benutzt wurden. *Di–Sa 10–13 Uhr, 501 N. L. A. St., zw. Arcadia/N. Alameda St.*

Insider Tipp

El Pueblo de Los Angeles [119 F2]

★ Der »Geburtsort« von L. A. beherbergt einige der ältesten erhaltenen Häuser, z. B. *Avila Adobe* von 1818. Das aus ungebrannten Lehmziegeln bestehende Gebäude *(E10 Olvera St., südwestl. von E. Macy St.)* ist eingerichtet wie ein Ranchhaus des 19. Jhs. *(tgl. 10–17 Uhr)*. Auf der Olvera Street (zwischen Main und Alameda St.) reihen sich Stände mit mexikanischen Souvenirs und Kunsthandwerk aus Silber, Leder und Ton sowie süßen Leckereien. *www.ladowntownguide.com*

Santa Monica Pier **[120 B6]**

Der älteste Pier und Vergnügungspark an der Westküste, 1916 eröffnet und 1983 von einem Sturm zerstört, lockt nach seiner Renovierung mit Zuckerwatte und Popcorn, Schießbuden, Riesenrad und Achterbahn. In dem überdachten Hippodrom steht ein Karussell von 1916 mit 44 handgeschnitzten Pferdchen, das in dem Film »Der Clou« mit Robert Redford und Paul Newman eine Hauptrolle spielte *(Fahrt 50 Cents). Tgl. ab ca. 12 Uhr bis lange nach Sonnenuntergang*

Insider Tipp

KURIOSES

Beverly Hot Springs **[125 E3]**

Alkalisches Wasser brodelt aus dem artesischen Brunnen, um den herum ein Spa entstanden ist. Hier kann man sich schrubben oder einwickeln lassen und in den Saunen und Dampfbädern schwitzen. Luxuriöses Ambiente mit künstlichem Wasserfall und viel Marmor. Einrichtungen nach Geschlechtern getrennt. *$ 40 (Shiatsu-Massagen und Anwendungen extra), tgl. 9–21 Uhr, 308 N. Oxford Ave./Beverly Blvd., www.beverlyhotsprings.com*

Encounter am LAX **[128 B4]**

Mitten auf dem Flugplatz scheint eine fliegende Untertasse gelandet zu sein. Das Objekt, das nachts farbig angestrahlt wird, beherbergt das Space-Age-Café *Encounter*, das von innen nicht minder futuristisch wirkt. *209 World Way, LAX, Tel. 1-310-215-51 51*

Mexikanisch temperamentvoll geht's auf der Olvera Street zu

Hollywood Sign [121 F3]
Das berühmte Markenzeichen Hollywoods mit seinen 15 m hohen Buchstaben steht hoch oben über dem Beachwood Drive. Als es 1923 errichtet wurde, um den Immobilienhandel in den Hills zu fördern, hieß es noch Hollywoodland, 1949 wurde das »land« abmontiert. Den besten Blick hat man von der Ecke Sunset Blvd./Bronson Ave.

Queen Mary [129 D6]
Die 1934 vom Stapel gelaufene »Queen Mary« war das schnellste und größte Luxusschiff der Nordatlantikroute ihrer Zeit. Nach 1001 Atlantiküberquerungen liegt sie seit 1967 in Long Beach Harbor vor Anker und ist heute Hotel und Museum. Zwölf Decks sind offen für Besichtigungen. Erfreuen Sie sich an der luxuriösen Art-déco-Einrichtung, nehmen Sie das Ruder auf der Brücke in die Hand, und werfen Sie einen Blick in die Mannschaftskabinen und den Maschinenraum. Im Sommer findet abends Feuerwerk statt. *Eintritt ab $ 23, tgl. 10–16.30 Uhr (im Sommer länger), Führungen $ 7 extra.* Nebenan ist ein russisches U-Boot, die »Scorpion«, eins der heißesten Überbleibsel aus dem Kalten Krieg, vertäut (separates Ticket). *1 Pier J, 1126 Queens Hwy., Fwy. I-710 South nach Long Beach, gegenüber dem Aquarium, www.queenmary.com*

Insider Tipp

San Antonio Winery [127 D4]
Kulturelles und historisches Denkmal, letztes Überbleibsel von über 100 Weinkellereien in Downtown L. A.; mit Probierzimmer und Restaurant. *Tgl. Führungen, Plaza San Antonio, 737 Lamar St., Downtown, www.sanantoniowinery.com*

Venice Renaissance Building und Binoculars [121 E6]
Ein 10 m hoher Clown im Ballerinakostüm von Jonathan Borofsky, der das verrückte Viertel symbolisiert, steht hoch oben auf dem *Venice Renaissance Building.* Gegenüber schmückt ein vier Stockwerke hohes Fernglas von Claes Oldenburg den Eingang zum früheren Chiat-Day-Mojo Building. *340 Main St./Rose Ave.*

MÄRKTE

Farmers Market [124 C3]
★ Touristen, *celebrities* und »Normalos« trifft man an den über 100 Essens- und Verkaufsständen, die mit Austern, Cajun Gumbo, frisch gepresstem Orangensaft, hausgemachter Erdnussbutter und Leckereien aus aller Welt locken. *Tgl. ab 9 Uhr, 6333 W. 3rd St./Ecke Fairfax Ave., www.farmersmarketla.com*

Grand Central Market [119 D4]
Insider Tipp
Der größte Markt der Stadt bietet seit 1917 seine exotischen Waren an. Wo sonst bekommt man Lammköpfe und Bullenhoden? *Mo–Sa 9 bis 18, So 10–17 Uhr, 317 S. Broadway, zw. 4th/3rd St., Downtown*

PLATZ

California Plaza [119 D4]
Wasserfälle und Amphitheater auf dem Watercourt, wo im Sommer Openairkonzerte stattfinden. In den Grünanlagen zwischen den Glas- und Betonriesen stehen Skulpturen, das Wasser aus den Brunnen hat einen kühlenden Effekt. Hier wurde der Film »Batman Forever« gedreht. *California Plaza 350 S. Grand Ave., zw. W. 4th/W. 3rd St.*

SIGHTSEEING

Beverly Hills Trolley [124 A3]
Die *Sights & Scenes Tour* zeigt mehr als nur glitzernde Schaufenster. Am Beverly Hills Hotel vorbei geht's in die Wohngegenden des berühmten 90210 *zip codes* (Postleitzahl); der Fahrer zeigt ehemalige Häuser von Hollywoodstars. *Fahrt $ 5, an unterschiedlichen Wochentagen, Treffpunkt: Dayton Way/Rodeo Drive, Information: Tel. 1-310-285-24 38*

Stadtrundfahrten
Unterschiedliche Rundfahrten bei *L. A. City Tours (Reservierung Tel. 1-888-800-78 78, www.lacitytours.com)* und *Guideline Tours* (auch Universal Studios und Disneyland, *Reservierung Tel. 1-800-604-84 33, www.guidelinetours.com*)

Downtown zu Fuß: *L. A. Conservancy Tours ($ 10, 10 Uhr, 2 1/2 Std., Reservierung Tel. 1-213-623-24 89, www.laconservancy.org)*

Sightseeing mit dem Hubschrauber: *Orbic Helicopters (30 Min. $ 130/Person, Tel. 1-818-988-65 32, www.orbichelicopters.com)*

Auf dem Wasser, auch Walbeobachtung (Dez.–April): *Spiritcruises (ab $ 15, Tel. 1-310-548-80 80, www.spiritdinnercruises.com)*

SPORT

Staples Center [118 A6]
Das futuristische Zuhause der Basketballteams L. A. Lakers und L. A. Clippers und des Hockeyteams L. A. Kings liegt gleich neben dem L. A. Convention Center. In der Arena (bis zu 20 000 Plätze) finden auch Konzerte statt. Es gibt Restaurants, Geschäfte, Privatclubs und Luxuslogen. *865 S. Figueroa St., Downtown, www.staplescenter.com*

STADTVIERTEL

Beverly Hills [124 A3]
Früher grasten hier Schafe, und es wurden Limabohnen angebaut. Eins der ersten Gebäude war der Pink Palace, das Beverly Hills Hotel

Am Rodeo Drive residieren die feinsten Geschäfte von Beverly Hills

Nicht zu übersehen: Hier ist Chinatown

von 1912. Die ersten Stars, die sich im Benedict Canyon ein Haus bauten, waren Douglas Fairbanks und Mary Pickford. Heute hat BH etwa 33 000 Einwohner, die in den von Palmen und Jakarandabäumen gesäumten Straßen in prunkvollen Villen leben. Luxuriöse Geschäfte bestimmen das Bild; vor allem der berühmte Rodeo Drive lockt 14 Mio. Besucher pro Jahr an. Zwischen Olympic Boulevard im Süden, Robertson Boulevard im Osten und Westwood und Century City im Westen dehnt sich BH im Norden in die Berge und Canyons aus. *www.beverlyhillsbehere.com*

Chinatown [126–127 C–D4]
Das erste Chinatown in Amerika entstand hier in der zweiten Hälfte des 19. Jhs. und beherbergte damals fast ausschließlich chinesische Arbeiter, die zum Eisenbahnbau gekommen waren. Um 1900 lebten Tausende in dem Getto mit Opiumhöhlen, Prostitution und Glücksspielen, Geschäften, Restaurants und Theatern. In den 30ern musste das Viertel dem Bau der Grand Central Station weichen. Heute leben die meisten Chinesen in den Vororten, das heutige Chinatown hat nur ca. 9600 Einwohner und liegt etwas nordwestlich von seinem Ursprungsort. Es gibt einige sehr gute Restaurants und kleine Läden, in denen man Ginseng, getrocknete Haifischflossen, grünen Tee, Brokatslipper, Kimonos, Fächer und Spielzeug kaufen kann. *Touren $ 18, Treffpunkt Big China Seafood Restaurant, 911 N Broadway/College St., Reservierung Tel 1-323-721-07 74, www.chinatowncenter.com*

Downtown [118/119]
Business- und Messezentrum mit erdbebensicheren Wolkenkratzern. Um die Steinwüste aufzulockern, wurde Kunst aufgestellt – u. a. von Robert Rauschenberg, Eric Orr, Nancy Graves, Joán Miró, Terry Allen, Jonathan Borofsky. Auch in den oft luxuriösen Eingangshallen der Geschäftshäuser sind viele Objekte

Richtig fit!

Angelenos nutzen jede Möglichkeit, fit zu bleiben

Der heißeste Fitnessclub ist *Crunch* in Hollywood. Neben Maschinen, Gewichten, Pool, Sauna etc. werden Workout-Klassen angeboten. Zum Beispiel: *Kardio Striptease* (Aerobic mit Stripteasebewegungen) und *Brasilian Dance Exercise* (Hüften schwingen, Hinterteil schütteln wie in Rio). *8000 Sunset Blvd. (N. Crescent Hights/Laurel Canyon Blvd.), Mo–Fr 5–24, Sa/So 7–22 Uhr, Tageskarte $ 24, Tel. 1-323-654-45 50, Auskunft über Klassen: Tel. 1-323-654-54 30, www.crunch.com*

zu entdecken. Skulpturen, Brunnen, Treppen und Gärten findet man um die Bunker Hill Towers herum und zwischen den Wolkenkratzern am Union Bank Square *(333 S. Grand St. Building, Citicorp Plaza, Sanwa Building 601 S. Figuroa/Wilshire Blvd., 444 S. Flower St. und California Plaza's Watercourt).* Im Exposition Park befinden sich das California Science Center, das IMAX-Kino und die University of Southern California (USC). Das Gebiet südlich, South L. A., das fast nur von African Americans bewohnt ist, sollte man vor allem als Weißer meiden, genauso wie East L. A., wo Latinogruppen ihre Bandenkriege austragen. *www.visitlanow.com, www.ladowntownguide.com*

Hollywood [120/121]

Junge, hoffnungsvolle Schaupieler, Models, Fotografen und Drehbuchschreiber bevölkern die Cafés und Restaurants, die Preise sind niedrig, die Nächte lang. Um den Hollywood und Sunset Boulevard herum liegt das historische Herz der Filmindustrie mit weltberühmten Attraktionen wie dem *Walk of Fame*, wo die Sterne der Stars die Straße schmücken. In den 1980er-Jahren wurde der Hollywood Boulevard von Gower Street bis La Brea Ave. mit seinen Häusern aus den 20ern und 30ern, die architektonisch an der Westküste einzigartig sind, unter Denkmalschutz gestellt. Nach und nach verschwinden die Dealer, Prostituierten und Obdachlosen, die hier zum Inventar gehörten. Um die Hollywood Subway Station herum ist ein neues Super Center entstanden, der *Hollywood and Highland Entertainment Complex*, ein Bezirk mit Kinos, Hotel, Restaurants, Clubs, Läden und dem neuen Zuhause der Oscar-Verleihung, dem *Kodak Theatre*. Auf 6360 W. Sunset Blvd./Vine Street konkurriert seit kurzem der restaurierte *Cinerama Dome* als Teil des *Arc Light Center* mit 14 Filmtheatern, Health Club, Restaurant, Café, Innenhof mit Palmen etc. Das andere Gesicht von Hollywood zeigt sich in den Hügeln nördlich vom Sunset Boulevard. Versteckt in den kurvigen Cañons, wie dem Nichols und Laurel Canyon, stehen die phantasievollen Gebäude des »Goldenen Zeitalters«, Mischungen aus Schloss und Landhaus, maurischen

Tempeln und spanischen Haciendas. Hier wohnen nach wie vor viele Filmstars und Künstler. *www.hollywoodandhighland.com*

Little Tokyo [119 E–F5]
Nach dem verheerenden Erdbeben in San Francisco 1906 siedelten sich viele Japaner in Los Angeles an. Heute lebt hier die größte japanische Gemeinde außerhalb Japans, die wenigsten von ihnen jedoch in Little Tokyo. Das etwas eintönige Viertel hat mehrere kleine Shoppingmalls, u. a. *Japanese Village Plaza* mit exotischem Supermarkt, sehr guten, z. T. preiswerten Restaurants und Sushibars und ein paar Boutiquen. Zweimal im Jahr wird's hier lebhaft: zum Kirschblütenfest im Frühling und zur *Nisei Week* im Spätsommer (Nisei ist der Name für die Japaner der zweiten Generation in Amerika). *Zw. S. Alameda/San Pedro St./East 3rd/Temple St.*

Marina del Rey [122–123 C–D6]
Zwischen Venice und Flughafen LAX liegt der größte, 1962 künstlich angelegte Yachthafen Amerikas, um den herum eine kleine Stadt gewachsen ist. Sie wirkt mit ihren teuren Apartmenthäusern am Hafen wie ein Urlaubsort für Singles.

Pasadena [129 D–E2]
Am Fuß der San Gabriel Mountains, 16 km östlich von Downtown, überwinterten die reichen Leute von der Ostküste. In den ruhigen Wohnstraßen findet man noch die typische südkalifornische Architektur. Seit 1890 zieht am Neujahrstag die *Tournament of Roses Parade* (Insider Tipp) durch die Straßen. Für die blumengeschmückten Wagen werden bis zu 1 Mio. Rosen verbraucht. Old Town Pasadena wurde in den 1990er-Jahren schön renoviert und mit Restaurants und Boutiquen neu belebt. *Old Town Pasadena, zw. Pasadena Ave., Walnut und Arroyo Pwy./Del Mar*

Santa Monica [120/121]
Neun von zehn Angelenos würden heute am liebsten in Santa Monica wohnen. Die Luft ist sauber, die Stadt fußgängerfreundlich und der endlos breite Strand einfach einladend. Ende des 19. Jhs. wuchs Santa Monica zu einer kleinen Stadt heran. In den 1920er-Jahren ließen sich hier viele Filmstars nieder, und während der Prohibition fuhren Wassertaxis die durstigen Seelen auf Schiffe, die vor der Küste vor Anker lagen und Spielsalons und Alkoholausschank boten. In den 70ern wurde Santa Monica politisch aktiv, die Stadtpolitiker engagierten sich für Mietrecht und erschwingliche Mieten, stimmten gegen Hochhäuser und zwangen Bauherren zum Bau von Sozialwohnungen. Damals bekam die Stadt den Spitznamen »People's Republic of Santa Monica«. Das hat sich heute geändert. Im Norden der Stadt wohnen überwiegend Familien des gehobenen Mittelstands und in den südlichen Teilen Yuppies und Singles, die sich die mittlerweile extrem hohen Mieten leisten können. *www.santamonica.com*

Silver Lake District [126 B1–2]
Gern als Miniversion von New Yorks SoHo oder Londons Carnaby Street bezeichnet, erfreut sich dieses Viertel, das an Hollywood und Los Felíz grenzt, immer größerer Beliebtheit bei Yuppies, Designern und Filmstars. Mode-Mekka mit

Trendsetterboutiquen, Straßenhändlern, Restaurants, Nightclubs und Bars (Vermont Ave. und Sunset Blvd.). Hier befindet sich auch die höchste Konzentration von *modernist aesthetic houses* – Bauten der Avantgardearchitektur der 1920er- und 30er-Jahre von u. a. Frank Lloyd Wright (*Taggart House, 5423 Black Oak Dr.*), R. M. Schindler (*Walker House, 2100 Kenilworth Ave.*), John Lautner (*Lautner House, 2007 Micheltorena St.*), Richard Neutra (*Treweek House, 2250 E. Silver Lake Blvd.*). Die meisten Häuser sind in Privatbesitz und nur von außen zu betrachten.

Venice **[121 E–F 5–6]**

Das Kanalsystem, das einst aus 26 km Wasserwegen bestand, wurde um die Wende zum 20. Jh. von Abbot Kinney nach venezianischem Vorbild entwickelt. Die Gräben verfielen danach aber schnell und wurden bis auf wenige zugeschüttet. Ein Projekt, sechs der alten Kanäle wieder herzustellen, wurde 1993 vollendet. Die romantischen Wasserwege mit den kleinen Häusern und Brücken in der Marsch sind in vielen Hollywoodfilmen zu sehen. Einen guten Blick auf drei der Kanäle hat man von der südöstlichen Ecke Pacific Ave./Venice Blvd. oder von Dell Ave./Washington St. nördlich von Venice. Am bekanntesten ist Venice heute für den verrückten Boardwalk mit Souvenirläden, Straßenkünstlern und Selbstdarstellern.

West Hollywood **[124 B–C2]**

Die besten Restaurants, Boutiquen, Designer-Showrooms, Kunstgalerien und Diskotheken findet man in West Hollywood mit dem berühmten ★ *Sunset Strip* zwischen La Cienega Boulevard und Doheny Drive. In den 1930er- und 40er-Jahren teilten sich Kasinos, Callgirls und Nightclubs den Strip. Im *Ciro's* und im *Mocambo*, den bekanntesten Clubs, traf man die Hollywoodstars. Die heute zu West Hollywood gehörende Straße lag damals noch in L. A. County, was bedeutete, dass es keine Beschränkung für Alkohol, Prostitution und Glücksspiel gab. Viele Stars hielten sich ein Apartment im Chateau Marmont oder dem heutigen Hotel Argyle. In den 60er-Jahren war der Strip ein Hippieparadies, heute findet man hier Schallplatten- und Buchläden, in denen berühmte Autoren Lesungen halten, Rockclubs, die Hollywoodstars wie Johnny Depp gehören und in denen Led Zeppelin, die Doors, Guns'n' Roses, die Stones u. a. spielten und spielen, außerdem jede Menge Restaurants und die größten Plakatwände der Welt.

Die kleine, seit 1984 von Los Angeles unabhängige Stadt ist mit ihrer Mischung aus russisch-jüdischen Einwanderern, Homosexuellen, Rentnern und jungen Hipsters ein Beispiel für Toleranz und friedliches Nebeneinander. *Zw. Doheny Dr./La Cienega Ave., Beverly und Sunset Blvd. und bis La Brea Ave., zw. Melrose Ave./Sunset Blvd; www.visitwesthollywood.com*

STRÄNDE

Die Küste von L. A. County erstreckt sich über 115 km am Pazifik entlang. Badelustige werden von Lifeguards bewacht. Das Wasser ist leider nicht überall sauber, die Qualität wird aber ständig geprüft, und wenn nötig, wird ein Strand zeitweilig geschlossen. Die Wassertemperaturen klettern selbst im Sommer selten über 22 Grad. Für (gebührenpflichtige) Parkplätze ist gesorgt. Achtung: An den meisten Stränden ist Rauchen verboten!

Leo Carrillo State Beach [0]
Auf dem PCH Richtung Norden, kurz vor der L. A.-County-Grenze, liegt dieser Strand mit seinen bizarren Felsformationen. Hier weht meist ein starker Wind. Ideal für Surfer, Camping ist möglich.

Malibu Lagoon State Beach [128 A3]
Die Malibu Lagoon war Heimat der Chumash-Indianer, und der Strand ist heute Naturschutzgebiet. Die Wellen sind nicht so gewaltig wie anderswo. Eingang südlich der Cross Creek Road (geringer Eintritt).

Malibu Surfrider State Beach [0]
Hier surfen die Profis – für Anfänger sind diese Wellen nicht geeignet. Auch wer Entspannung sucht, sollte woanders hinfahren – zum Zuschauen aber spannend.

Manhattan Beach [128 B4–5]
Einer der schönsten Strände Südkaliforniens, südlich von Downtown. Die Volleyball Courts haben etliche Olympioniken hervorgebracht.

Paradise Cove [0]
An diesem Privatstrand im 28 000. Block des PCH kostet allein das Parken $ 15, und pro Person werden $ 5 Eintritt verlangt. Dafür gibt's Umkleidekabinen und Duschen. An Wochenenden ist der Strand bereits um zwölf Uhr überfüllt. *Malibu*

Santa Monica State Beach [120 A–C6]
Hauptattraktion seit 1909 ist der Santa Monica Pier mit Jahrmarkt, Karussells, Achterbahn und Riesenrad. Am Strand stehen überdimensionale Stühle, denen der Wind wundersame Töne entlockt. Fitnessfreaks mieten sich Räder oder Rollerblades und lassen sich auf dem Strandpfad den Seewind um die Nase wehen. Bester Platz für das Betrachten der Feuerwerke zum 4. Juli. Gute Parkmöglichkeiten. Insider Tipp

Coole Surfcracks am Leo Carrillo State Beach

Venice Beach [121 E–F6]
★ Hier hat der Charme der Sixties überlebt. Straßenkünstler, die mit laufenden Kettensägen jonglieren, Hippies mit langem Haar neben kurz geschorenen Youngsters mit Baggy-Jeans und Skateboard, Restaurants und Bierkneipen, Andenkenläden, Wahrsager, Porträtmaler und Musiker bieten Unterhaltung.

STRASSEN

Melrose Avenue [124 C3]
Eine der verrücktesten Einkaufsstraßen der Stadt: Hier sieht man, was morgen in ist. Hip-Restaurants, Cutting-Edge-Friseure, Boutiquen mit fluoreszierenden Kondomen, Räucherstäbchen, Plastikstiefeln und Stretchkleidern sowie Secondhandläden. *Zw. Fairfax/La Brea Ave.*

Insider Tipp **Mulholland Drive** [128 B–C2]
Er bildet die über 35 km lange Grenze zwischen L. A. und dem San Fernando Valley. Der Drive windet sich vom Cahuenga Pass in Hollywood am Leo Carrillo State Beach zum Pazifik und bietet viele wunderschöne Aussichtspunkte auf das Valley, die Stadt und die teuren Häuser von Stars wie z. B. Kevin Costner. Die Eröffnung 1924 wurde mit Rodeo und Karneval auf der Vine Street zelebriert. Den Namen stammt von dem Iren William Mulholland, der den ersten Aquädukt für die Stadt entwickelte.

Rodeo Drive [124 A3–4]
★ Shoppingparadies für Millionäre und Träumer – zusammen mit der Ginza in Tokio und der Fifth Avenue in New York das teuerste Pflaster der Welt. Hier reihen sich die berühmten Designer und Juweliere wie Hermès, Gucci, Chanel, Valentino, Bulgari, Cartier, Bijan, Dior, Ralph Lauren, Armani u.a. aneinander. *Zw. Santa Monica/Wilshire Blvd., Beverly Hills*

Rush-hour auf dem Ocean Front Walk in Venice Beach

Third Street Promenade [120 A–B6]

Die Fußgängerstraße ist eine Seltenheit im Autoparadies L. A.: Boutiquen, CD- und Buchläden, Kinos, Restaurants, Cafés. Am Wochenende haben manche Geschäfte bis 2 Uhr nachts geöffnet. *Santa Monica, zw. Wilshire Blvd./Broadway*

STUDIOS

Viele Studios verteilen Tickets an jeden, der mal bei einer TV-Show dabeisein möchte. Bei *Audiences Unlimited* kann man Tickets für alle Shows bestellen *(Tel. 1-818-753-34 70, www.tvtickets.com, www.studioaudiences.com).*

Insider Tipp

NBC Television Studio and Tours (Channel 4) [128 C2]
Die Tour (70 Min.) führt u. a. durch die Make-up- und Special-Effects-Abteilung und die Sound Stage, bevor es zu Studios der TV-Shows (z.B. »Tonight Show« mit Jay Leno) geht. *Eintritt $ 7, Mo–Sa 9–15 Uhr, Tel. 1-818-840-35 37, 3000 W. Alameda Ave., zw. Bob Hope Dr./W. Olive Ave., Burbank, www.tvtix.com*

Sony Pictures Studios [123 F3]
Auf dieser Tour (2 Std.) sehen Sie Filmkulissen aus der Vergangenheit (»Wizard of Oz«) und Gegenwart (»Men in Black«). *Eintritt $ 20, Mo bis Fr 9–15 Uhr, Treffpunkt und Parken: Sony Pictures Plaza, 10202 W. Washington Blvd./Madison Ave, Tel 1-323-520-TOUR*

Warner Bros. Studios [128 C2]
Ein echtes Studio, in dem TV- und Filmshows produziert werden. Besucher können auf Führungen einen Blick hinter die Kulissen werfen. *Eintritt $ 39, Mo–Sa 9–15 Uhr, Tel. 1-818-977-86 87, 4301 W. Olive, Burbank, www.wbsf.warnerbros.com/come.html*

U-BAHN

Hollywood und Vine [121 E2]
Der einst berühmtesten Kreuzung der Welt, wo die Stars in den Anfängen Hollywoods flanierten, wurde mit dieser U-Bahn-Station ein Denkmal gesetzt. Alte Filmspulen dekorieren die Decke, ausgestellt sind u. a. zwei Filmprojektoren aus den 1930er-Jahren. Der Fußboden sieht aus wie die *yellow brick road* aus dem Film »The Wizard of Oz«. *Hollywood Blvd./Vine St.*

VERGNÜGUNGSPARKS

Da Eintrittspreise und Öffnungszeiten je nach Wochentag und Jahreszeit stark variieren, sind hierzu keine Angaben gemacht. Mit um die $ 50 pro Person muss man jedoch rechnen. Wenn Sie sichergehen wollen, sollten Sie sich vorher telefonisch erkundigen.

Disneyland [129 F5]
Von fern grüßt das Matterhorn mit seiner verschneiten Spitze aus dem Magic Kingdom. Willkommen in Disneyland, dem ersten Park (1954) von Walt Disney, Vater von Mickey Mouse & Co. Hier besteht Indiana Jones seine Abenteuer, während ein paar Straßen weiter Dornröschen im 100-jährigen Schlaf liegt. Es gibt verschiedene Erlebnisbereiche, wie z. B. *Adventureland*, das mit Dschungelfahrten und wilden Tieren lockt, *New Orleans Square* mit Dixiebands oder *Haunted Mansion* mit holografischen

Rasante Fahrt in Disneyland

Geistern. Hier fliegt die Achterbahn *Space Mountain* durch den Sternenhimmel, und dort kann man mit dem U-Boot die Tiefen des Meeres erkunden. Zur Hochsaison und an Feiertagen oft Wartezeiten. *Tel. 1-714-781-45 65, 1313 S. Harbor Blvd., Anaheim, südwestlich von Downtown auf der I-5 Süd, Ausfahrt Harbor Blvd., www.disneyland.com*

Knott's Berry Farm **[129 F5]**

Diesen Park gab es schon, bevor Walt Disney Mickey Mouse erfand. Weil die Farm nicht genug abwarf, fing die pfiffige Bauersfrau Cordelia Knott an, Obst, Gemüse und Grillhähnchen am Straßenrand zu verkaufen. Das Geschäft florierte, und ihr Mann Walter hatte die Idee, die Gäste in einer selbst gezimmerten Geisterstadt zu unterhalten. Die alte *Ghost Town* existiert heute noch – neben Achterbahnen wie dem *Xcelerator* (von 0 auf 100 in 3 Sek.) und dem *Ghost Rider*, einer Lasershow und dem *Snoopy Camp*. *Tel. 1-714-220-52 00, 8039 Beach Blvd., Buena Park, ca. 5 Min. nördlich von Disneyland auf der I-5, Ausfahrt Beach Blvd., www.knotts.com*

Legoland **[0]**

Hier kann man auf Safari durch einen Legodschungel gehen, auf Spielplätzen aus Lego herumtollen, das Miniland USA (20 Mio. Legosteine!) besichtigen oder im *Bionicle Blaster* (Achterbahn) durch die Luft fliegen. Neu: *Knights Tournament* (eine Art Achterbahn). *Tel. 1-760-918-LEGO, One Lego Drive, Carlsbad, I-5 nach Süden, Ausfahrt Kanaan Rd., www.legoland.com*

Six Flags Magic Mountain und Hurricane Harbor **[0]**

In den Achterbahnen kommen Adrenalinjunkies auf ihre Kosten. Den besten Thrill bietet *Scream:* Hier fällt man auf einem Stuhl mit Höchstgeschwindigkeit steil ab und wird dabei gedreht wie ein Korkenzieher. Für gemäßigtere Fahrten sorgt *Bugs Bunny World*. Nebenan *Hurricane Harbor* mit unzähligen Wasserrutschen. *Tel. 1-818-367-59 65, 26101 Magic Mountain Pwy., vom Golden State Fwy., I-5 North, Valencia, www.sixflags.com*

Universal Studios [128 C2]
★ Hier, im größten Filmstudio der Welt und dem Zuhause von »E. T.«, locken und schocken überall Spezialeffekte. Sie erleben, wie Filme gemacht werden, entdecken die Geheimnisse von »Spider Man«, »Jurassic Park«, »Shrek« u. a. Bringen Sie ein Handtuch oder ein zweites Hemd mit! Abenteuer wie ein Lawinenunglück, Erdbeben, Attacken von Außerirdischen und des weißen Hais erlebt man auf einer Bahnfahrt. Neu seit 2005: *Fear Factor Live!* nach der gleichnamigen Fernsehshow. Hier kann jeder ein Stuntman sein – alles ist möglich. Vor dem Eingang liegt *Universal City Walk*, die »coolste« Fußgängerzone mit Restaurants, Nachtclubs, Läden und Kinos. *Tel. 1-818-622-38 01, Universal City Plaza, 100 Universal Center Dr., nördlich vom Hollywood Fwy. I-101, Universal City, http://themeparks.universalstudios.com/themeparks_html.html*

ZOO

Los Angeles Park Zoo [128 C2]
Der Zoo ist berühmt für die Aufzucht des California-Kondors. Auch seltene Reptilien und über 2000 andere Tiere leben hier. Man kann auf Kamelen oder Elefanten reiten. Im Tierkindergarten werden die jüngsten Bewohner gezeigt. In einem Holzfällercamp leben 13 Schimpasen. *Eintritt $ 10, tgl. 10–17 Uhr, 5333 Zoo Dr., Griffith Park, I-5/134 Fwy., www.lazoo.org*

Flache Behausung

Wie der Bungalow Kalifornien eroberte

Das Wort kommt aus dem Indischen, *Bangala,* und bezeichnet dort eine einheimische Behausung. Die britischen Kolonialherren brachten diese Bauform mit zurück nach England, wo sie von Anhängern der *Arts and Crafts*-Bewegung aufgenommen wurde, die damit gegen den viktorianischen Baustil protestierten. Der Schriftsteller und Folklorist Charles Fletcher Lummis brachte die Bauart nach Südkalifornien. Der so genannte *Craftsman Bungalow* besteht aus Holz und Flusssteinen, hat ein großes, überhängendes Dach und auf der Eingangsseite eine Terrasse. Diese Konstruktion sorgte für ein luftiges Inneres, ideal für das warme Klima. Der preiswerte Baustil kam dem *Free Spirit* der Kalifornier im frühen 20. Jh. sehr entgegen. Allein im Pasadena District stehen noch 900 Exemplare. Einige der bekanntesten wurden 1912 im *Mission Revival Style* gebaut, 21 davon stehen auf dem Gelände des Beverly Hills Hotels. Marilyn Monroe bevorzugte Nr. 7, wo sie eine Zeit lang mit Yves Montand zusammenlebte.

Junge Kultur mit altem Ursprung

Moderne Kunst, historische Vergangenheit, zeitgenössische Gegenwart

Spätestens seit der Eröffnung des spektakulären Getty Centers 1997 hoch oben in den Santa Monica Mountains kommt man auch zum Museumsbesuch nach Los Angeles. Mit über 300 Museen, die teilweise von privaten Spenden am Leben erhalten werden, ist es nicht schwer, sich hier an Kunst satt zu sehen. Klassisches ist ebenso vertreten wie Zeitgenössisches und Völkerkundliches. Und so manche Privatkollektion, die sich im Laufe der Jahre angesammelt hat, wird von den Eigentümern an Museen ausgeliehen, verschenkt oder vererbt. Oftmals eröffneten oder hinterließen Kunstsammler auch ein eigenes Museum wie der Eisenbahnmagnat Henry E. Huntington, der nicht nur Gemälde, Möbel und eine umfangreiche Bibliothek der Öffentlichkeit zugänglich machte, sondern sogar seine Gärten und Parks. Der Industriebaron Norton Simon rief mit dem Norton Simon Museum eines der wichtigsten Kunstmuseen der Welt ins Leben. Andere Museen, wie das L. A. County Museum of Art (LACMA), sind finanziell nicht so gut gepolstert. Ohne die Hilfe von *volunteers*, Freiwilligen, könnte es nicht überleben.

Lichtdurchflutete Eingangshalle des Getty Centers

Es geht aber nicht immer nur um Kunst und Kultur. Los Angeles schreckt nicht davor zurück, seine eigene bzw. die Vergangenheit Amerikas kritisch zu beleuchten. Dafür ist das Japanese American National Museum ein Beispiel. Hier wird nicht nur Schönes gezeigt, sondern auch auf die Geschichte der japanischen Amerikaner während des Zweiten Weltkriegs hingewiesen, die als Staatsfeinde in Lagern untergebracht wurden. Aufklärende Museen wie das Natural History Museum of L. A. County mit seinen Dinosauriern, das Page Museum at the La Brea Tar Pits, das seine Funde direkt vor der Tür ausgräbt, oder das California Science Center mit physikalischen und biologischen Wundern sind Quellen des Wissens, die auf meist unterhaltsame Art, z. B. mit interaktiven Spielereien, Antworten auf viele Fragen geben. Und mit dem Petersen Automotive Museum und dem Museum of Neon Art setzt sich die Stadt, die ohne Auto und Lichtreklamen unvorstellbar wäre, ein passendes Denkmal. Wie wichtig Los Angeles seine Museen nimmt, beweisen die $ 16 Mrd., die während

Kunstbahnhof: Bergamot Station in Santa Monica

der letzten zehn Jahre für Renovierungen aufgewendet wurden.

Kinder, Studenten und Rentner zahlen fast überall meist erheblich geringere Eintrittspreise. An offiziellen und religiösen Feiertagen sind die meisten Museen geschlossen. Über die ganze Stadt verstreut gibt es zudem viele namhafte Galerien, die zum Teil weltbekannte Künstler vertreten. Wer es sich einfach machen möchte, findet auf der Bergamot Station in Santa Monica eine gute Auswahl. Welche Ausstellungen zurzeit in den einzelnen Museen und Galerien laufen, erfahren Sie aus der Sonntagsausgabe der »Los Angeles Times«, aus dem monatlich erscheinenden »Los Angeles Magazine«, der Wochenzeitung »L. A. Weekly«, die in vielen Supermärkten, Diners, Restaurants, Kinos und Boutiquen ausliegt und donnerstags erscheint, sowie aus den monatlichen Ausgaben von »Where Los Angeles« und dem Quickguide »Los Angeles«, die kostenlos in Hotels verteilt werden. Im Internet: *www.galleryguide.org*

Autry Museum of Western Heritage [128–129 C–D2]

Gene Autry war der »Singende Cowboy« von 1934, er spielte in 82 Western, besang über 300 Schallplatten, kaufte ein Baseballteam und mehrere Radiosender, bevor er für $ 54 Mio. das Museum ins Leben rief. Es zeigt, wie die ersten Pioniere lebten, und u. a. Annie Oakleys (Vorbild für das Musical »Annie Get Your Gun«) vergoldete Smith & Wesson und Buffalo Bill Codys Sattel. *$ 7,50, Di–So 10–17 Uhr, Do ab 16 Uhr freier Eintritt, Tel. 1-323-667-20 00, 4700 Western Heritage Way, www.autry-museum.org*

Bergamot Station [122 B4]

★ Im ehemaligen Straßenbahndepot in Santa Monica haben sich über zwanzig Galerien und Designstudios angesiedelt, z. B. die Rosamund Felsen Gallery (kalifornische Künstler), die Shoshana Wayne Gallery (bekannt für Yoko Onos Ausstellungen), die Craig Krull Gallery (Fotografie) und die Gallery of Functional Art (Möbel, Schmuck etc.). Samstags herrscht am meisten Trubel. Außerdem hat sich hier das Santa Monica Museum of Art niedergelassen, das Ausstellungen, Performances und Videos weniger bekannter Künstler bietet. *Mi–Sa 11–18 Uhr, 2525 Michigan Ave.*

California African American Museum [126 A6]

Das kleine Museum zeigt Kunst, Geschichte und Kultur der afroamerikanischen Bevölkerung. In der ständigen Ausstellung »The African American Journey West« ist der Weg von der Westküste Afrikas bis in die Felder der Südstaaten und des Wilden Westens zu sehen. Sie zeigt u. a. Bücher, Dokumente, Kunstwerke, Fotos, Kleidung. Außerdem zu sehen sind Memorabilien von William Spiller, dem ersten African American, der in die Professional Golf Association (PGA) aufgenommen wurde, sowie Persönliches des verstorbenen Bürgermeisters von L. A., Tom Bradley (nach ihm ist der internationale Flughafen am LAX benannt). *Di–So 10–16 Uhr, Eintritt frei, Spende erwünscht, Parken $ 6, 600 State Dr., Exposition Park, Tel. 1-213-744-74 32, www.caamuseum.org*

California Science Center [126 A6]

Interaktive Ausstellungen: Hier gibt es das Anlegemanöver eines Space Ship ebenso zu sehen wie Tess, die 4,50 m große Frau, die mit Videos, Sound- und Lichteffekten zeigt, wie der menschliche Körper funktioniert. Auf einem Hochseilrad kann jeder *(für $ 3)* 14 m über dem Boden radeln und die Gesetze der Schwerkraft erkunden. Im IMAX Theater ist die Leinwand sieben Stockwerke hoch und 28 m lang, die Filme sind »bigger than life«, manche kommen auch in 3-D. *Vorführungen tgl. 10–17 Uhr jeweils zur vollen Stunde, $ 7,50). Science Center tgl. 10–17 Uhr, Eintritt frei, Parken $ 6, Tel. 1-323-SCI-ENCE, 700 State Dr. (im Exposition Park); www.casciencectr.org*

MARCO POLO Highlights »Museen«

★ **Bergamot Station**
Moderne Kunst im Straßenbahndepot (Seite 42)

★ **The Getty Center**
Hohe Kunst und toller Ausblick (Seite 44)

★ **Museum of Contemporary Art (MOCA)/Geffen Contemporary**
Zeitgenössisches aller Art (Seite 46)

★ **Fahey/Klein Gallery**
Ein Tempel für die Kunst der Fotografie (Seite 44)

★ **Los Angeles County Museum of Art (LACMA)**
Deutsche Expressionisten, präkolumbische Kunst (Seite 45)

★ **Southwest Museum of the American Indian**
Indianische Kunst und Geschichte (Seite 49)

Eames Gallery **[121 D6]**
Das Architekten-Paar Charles und Ray Eames, deren weltberühmte Möbel für Haus und Büro auch im Museum of Modern Art in New York zu sehen sind, waren die Vorreiter des Industrial Design. Die Galerie gibt einen Überblick über ihre Exemplare aus Fiberglas, Sperrholz und Metall; im Shop nebenan kann man die guten Stücke sogar kaufen – natürlich nicht die Originale. *Di–Sa 11–18, So 12–17 Uhr, 2665 Main St., zw. Hill St./Ocean Blvd., Santa Monica, Tel. 1-310-396-59 91, www.eamesgallery.com*

Fahey/Klein Gallery **[124 C3]**
★ Zeitgenössische und *vintage*-Fotografie des 19. und 20. Jhs. Hier hängen Werke der besten Fotografen der Welt wie Irving Penn, Herb Ritts, Horst, Allen Ginsberg, Alfred Stieglitz, Man Ray u. a. Außerdem wechselnde Ausstellungen. *Di–So, 10–18 Uhr, Tel. 1-323-934-22 50, 148 N. La Brea (zw. 1st St./Beverly Blvd.), Los Angeles, www.fahey kleingallery.com*

Gagosian Gallery **[124 A3]**
Der aus L. A. stammende Larry Gagosian machte sein Glück in New York, bevor er zurückkam und die von Richard Meier (dem Architekten des Getty Centers) entworfene Galerie eröffnete. Zu den berühmtesten Künstlern seiner Sammlung zählen Richard Serra, Jennifer Bartlett und Frank Stella. *Di–Sa 10 bis 17.30 Uhr, Eintritt frei, Tel. 1-310-271-94 20, 456 N. Camden Dr., Beverly Hills, www.gagosian.com*

George Stern Fine Arts **[124 B3]**
Überwiegend kalifornische Künstler aus dem 19. und 20. Jh. wie Guy Rose, Joseph Kleitsch, Edgar Payne, William Wendt und Granville Redmond. *Di–Fr 10–18, Sa 11–18 Uhr, Tel. 1-310-276-26 00, 8920 Melrose Ave., westl. von N. Robertson Blvd., www.sternfinearts.com*

The Getty Center **[122 B1]**
★ Es gibt mindestens drei gute Gründe, warum man abgesehen von der Kunst an sich diesen $ 1 Mrd. teuren Superkomplex in den Hügeln von Brentwood besuchen sollte: das von Richard Meier entworfene Anwesen selbst, ein weißer Traum aus Glas, Stein und Metall, die herrlichen Gärten von Landschaftsdesigner Robert Irwin, die zum Verweilen einladen, und der unvergleichliche Ausblick. An klaren Tagen sieht man die Skyline von Downtown L. A., die Santa Monica und San Gabriel Mountains, die Palos-Verdes-Halbinsel und Santa Catalina Island. Wer den Sonnenuntergang im Sommer genießen möchte, sollte donnerstags oder freitags kommen, wenn das Museum länger geöffnet hat. Hier hängen neben van Goghs »Irises«, *Insider Tipp* die das Museum für $ 53,9 Mio. kaufte, viele andere Gemälde europäischer Künstler, u. a. von Rubens, Monet und Rembrandt. Exquisite Möbel des 17./18. Jhs., antiker Schmuck, Porzellan, wunderschöne Bücher aus dem Mittelalter mit religiösen Motiven, zeitgenössische und historische Fotografie, Skulpturen. Es gibt wechselnde Ausstellungen und außerdem Aktivitäten wie Tanztheater, Multimedia-Aufführungen, Gartentouren und architektonische Führungen.

Eine fünfminütige Fahrt, auf der man bereits die Aussicht genießen kann, bringt die Besucher hinauf zum Museum. Das ursprüngliche J. P. Getty Museum in Malibu wird zurzeit renoviert. *Di–Do, So 10–18, Fr/Sa bis 21 Uhr, Eintritt frei, Parken $ 7; Metro Bus 761 hält am Haupteingang auf dem Sepulveda Blvd.; 1200 Getty Center Drive, am San Diego Freeway (I-405), zw. Brentwood/Bel-Air, www.getty.edu*

Hollywood Entertainment Museum [120 A2]
Über eine halbe Million Menschen arbeiten in der Unterhaltungsindustrie, die mit jährlich ca. $ 16 Mrd. das Geldsäckchen von L. A. füllt – höchste Zeit, dieser Branche ein Museum zu setzen. Seit 1996 werden vom Stummfilm bis zur Hightechwelt der Special Effects viele Tricks gezeigt. Interaktive Ausstellungen führen den Werdegang Hollywoods vor, und Sets von berühmten TV-Shows – wie die Brücke vom »Raumschiff Enterprise« – können bestaunt werden. Besucher können sich als Filmcutter versuchen oder die Geräusche für die Filme machen. *Tgl. 11–18 Uhr, Mi geschl., $ 12, Tel. 1-323-465-79 00, 7021 Hollywood Blvd./Sycamore Ave., www.hollywoodmuseum.com*

Chaplin-Denkmal vor dem Hollywood Entertainment Museum

Japanese American National Museum [119 F4]
Ein dunkles Kapitel der US-Geschichte wird seit 1999 im Japanese American Pavilion anhand von über 30 000 Gemälden, Fotos und Filmen dokumentiert: Während des Zweiten Weltkriegs wurden über 100 000 Amerikaner japanischer Abstammung wegen ihrer Herkunft aus dem Land des Kriegsgegners in Lagern interniert. Besucher können u. a. auch Origami (die Kunst des Papierfaltens) lernen und sich an japanischer Kunst erfreuen. *Di–So 10–17, Do bis 20 Uhr, $ 8, an jedem 3. Do Eintritt frei, Tel. 1-213-625-04 14, 369 E. 1st St./Central Ave., Little Tokyo, www.janm.org*

Los Angeles County Museum of Art (LACMA) [124 C4]
★ Das größte Kunstmuseum an der Westküste wurde 1965 eröffnet und besitzt eine Sammlung von 150 000 Objekten. Die fünf Gebäude beherbergen ständige und wechselnde Ausstellungen. Im Ahmanson Building sind neben chinesischer und koreanischer Kunst Gemälde aus der Renaissance, niederländische und flämische Kunst des 17. Jhs. sowie amerikanische Kunst und Kunsthandwerk zu se-

hen. Besonders schön ist die islamische Sammlung, die sich auf dem gleichen Stockwerk wie die südostasiatische und indische Abteilung befindet. Die beiden Letzteren gehören mit 5000 Objekten zu den umfassendsten außerhalb Indiens. Im Hammer Building sind die Impressionisten und Postimpressionisten sowie deutsche Expressionisten untergebracht. Das Robert O. Anderson Building zeigt Kunst des 20. Jhs., u. a. von Matisse, Picasso, Braque, Kandinsky, Franz Kline, Willem de Kooning und Jackson Pollock, Pop-Art-Skulpturen von Claes Oldenburg und Andy Warhol, Minimalist Art und Skulpturen von Donald Judd oder Agnes Martin sowie einheimische Künstler wie Richard Diebenkorn und David Hockney. Im Gerald Cantor Sculpture Garden stehen u. a. 14 Rodin-Plastiken, und der Pavilion for Japanese Art enthält 300 Rollgemälde und Wandschirme aus der Edo-Periode (1615–1868) und über 550 *netsuke* (Kimonoverschlüsse).

Nebenan, im ehemaligen May Company Building, einem Art-déco-Bau aus den 1930er-Jahren, werden Sonderausstellungen gezeigt. Im Erdgeschoss hat das Southwest Museum eine Dependance mit einem Teil seiner Kollektion indianischer Kunst vom 19. Jh. bis zur Gegenwart. Das von dem Deutschen Joachim Splichal geführte Restaurant *Pentimento* bietet eine Abwechslung zur Plastiktellerkultur *(Mi geschl., Fr abends Jazz bei freiem Eintritt, So Kammermusik). Mo, Di, Do 12–20, Sa/So 11–20, Fr 12 bis 21 Uhr, $ 9, am 2. Di des Monats Eintritt frei, Tel. 1-323-857-60 00, 5905 Wilshire Blvd., östl. von Fairfax Ave., www.lacma.org*

Museum of Contemporary Art (MOCA)/Geffen Contemporary **[119 D3]**

★ 1979 befanden die Stadtväter, dass Los Angeles ein Museum für zeitgenössische Kunst bräuchte. Während der Bauarbeiten zum MOCA wurden in einem alten Lagerhaus in Little Tokyo, das der Architekt Frank O. Gehry aufgemöbelt hatte, die ersten Ausstellungen gezeigt. Nach der Eröffnung des MOCA 1995 behielt man die Lagerhallen bei; sie bieten Platz für große Ausstellungsstücke, wie z. B. für die Stahlskulpturen von Richard Serra. Ein Jahr später erhielt die Dependance den Namen Geffen Contemporary, nachdem der Entertainmentmogul und Kunstsammler David Geffen $ 5 Mio. gespendet hatte. Das Haupthaus, eine rote Steinpyramide des Architekten Arata Isozaki, bietet Avantgarde, Conceptional und Minimalist Art. Die Kollektionen setzen sich zusammen aus den besten Stücken des abstrakten Expressionismus und der Pop Art von 1940 bis heute – zu sehen sind u. a. Rauschenberg, Jasper Johns, Mark Rothko und Franz Kline. *Do bis Mo 11–17 Uhr, $ 8 (für beide Museen), Do abends (17–20 Uhr) Eintritt frei, Tel. 1-213-626-62 22, 250 S. Grand Ave., Bunker Hill; Geffen Contemporary: 152 N. Central Ave./First St.; www.moca.org*

Museum of Neon Art **[118 B6]**

Die Künstlerin Lili Lakich benötigte Platz für ihre Neonsammlung und kam zunächst auf dem Universal City Walk unter, wo noch heute einige ihrer Schätze zu sehen sind – z. B. der 6 m große Neonschwimmer, der sich fünfmal überschlägt, bevor er abtaucht. 1996 fand La-

Riesen-BH im Museum of Contemporary Art

kich ein Zuhause für ihre Objekte: Im MONA, dem einzigen Museum der Welt, das sich elektrischer Kunst verschrieben hat, wird die Geschichte des Neon erklärt. In der Dunkelheit leuchtet und blinkt es, zischen und blitzen Skulpturen, Lampen und Zeichen von gestern und heute. *Mi–Sa 11–17, So 12 bis 17 Uhr, jeden 2. Do im Monat bis 20 Uhr bei freiem Eintritt, $ 5, Tel. 1-213-489-99 18, 501 W. Olympic Blvd./Hope St., Downtown (frei Parken in der Tiefgarage des Renaissance Tower, Grand St., nördl. vom Olympic Blvd.), www.neonmona.org*

Museum of Television and Radio [124 A3]
Die »Schwester« des gleichnamigen Museums in New York eröffnete 1996 in Beverly Hills in dem von Richard Meier entworfenen Gebäude. Über 90 000 Fernsehshows, Radiosendungen und TV-Spots aus den letzten 70 Jahren kann man hier ansehen und -hören. Suchen Sie mit Hilfe der einfach zu bedienenden Computer nach Ihrer Lieblingssendung, z. B. der Ed Sullivan Show von 1964 mit dem historischen Auftritt der Beatles. *Mi, Fr bis So 12–18, Do 12–21 Uhr, $ 10, Tel. 1-310-786-10 00, 465 N. Beverly Dr./ Santa Monica Blvd., www.mtr.org*

Museum of Tolerance [124 A4]
Hier beleuchten interaktive Multimedia-Ausstellungen die Phänomene Rassismus und Vorurteile – z. B. die *L. A. Riots* von 1992 und die über 250 amerikanischen *Hate-Groups*. Schwerpunkt des zum Simon Wiesenthal Center gehörenden Museums ist der Holocaust, die Vernichtung der Juden durch die deutschen Nationalsozialisten. Am Eingang bekommt jeder Besucher einen Pass mit Foto und Namen eines Opfers: Beim Gang durch die Abteilung, die einem Konzentrationslager nachgebaut ist, erfährt man die Geschichte dieses Menschen und ob er den Völkermord überlebt

hat. *Mo–Do 11.30–17, Fr 11.30–15, So 11–19.30 Uhr, $ 10, Tel. 1-310-553-84 03, 9786 W. Pico Blvd./Roxbury Dr., www.wiesenthal.com*

Natural History Museum of Los Angeles County [126 A6]
In dem riesigen Gebäude im Stil der spanischen Renaissance werden seit 1913 Dinosaurier, Vögel, Mineralien, das Leben der amerikanischen Ureinwohner, präkolumbische Kunst und der Welt größter Hai gezeigt. Die versteinerten Reptilien sind 290 Mio. Jahre alt. Im *Discovery Center* gibt es interaktive Displays für Kinder und einen Insektenzoo. Die größte Attraktion sind die »kämpfenden Dinosaurier«, lebensgroße Modelle, die teilweise aus echten Knochen zusammengesetzt wurden. *Mo–Fr 9.30–17, Sa/So 10 bis 17 Uhr, $ 8, Tel. 1-213-763-DINO, 900 Exposition Blvd., zw. Figueroa St./Vermont Ave., www.nhm.org*

Insider Tipp

Norton Simon Museum [129 D2]
Multimillionär Norton Simon rettete 1974 das von der Schließung bedrohte Pasadena Art Institute und stattete es mit seiner eigenen Kunstsammlung aus. Heute ist sein Museum eines der wichtigsten Kaliforniens. Berühmt ist es für die komplette Serie der Bronzeskulpturen von Edgar Degas. Außerdem Werke von Rembrandt, Goya, Hals, Manet, Monet, Cézanne, Rousseau, Renoir, van Gogh, Picasso, Toulouse-Lautrec und Matisse sowie Gemälde aus Renaissance, Barock und Rokoko, kostbare Skulpturen aus Indien und Südostasien. Neu sind Teehaus und Skulpturengarten. *Mi–Mo 12 bis 18, Fr bis 21 Uhr, $ 8, 1. Fr im Monat 18–21 Uhr Eintritt frei, Tel. 1-626-449-68 40, 411 W. Colorado Blvd./Orange Grove in Pasadena, an der Freeway-Kreuzung I-210 (Foothill) und I-134 (Ventura); www.nortonsimon.org*

Insider Tipp

Page Museum at the La Brea Tar Pits [124 C4]
Vor 40 000 Jahren bahnte sich hier Öl den Weg an die Oberfläche, bildete Tümpel und verwandelte sich in eine zähflüssige Masse, die zur Todesfalle für Tiere und Pflanzen der Eiszeit wurde. Den schwarzen Teer, der heute noch brodelt, kann man aus sicherer Entfernung sehen, bevor man im Museum die Funde aus dem frühen 20. Jh. besichtigt: Säbelzahntiger, Mammuts, Wölfe, Kamele, Mastodons, Bären, Vögel, Eidechsen, Reptilien etc. Durch die Scheiben des Labors kann man beobachten, wie die Funde gereinigt und zusammengesetzt werden. Ein Hologramm zaubert Fleisch und Kleidung auf die 9000 Jahre alte La-Brea-Frau, deren Skelett hier gefunden wurde. *Mo–Fr 9.30–17, Sa/So 10–17 Uhr, $ 7, jeden 1. Di im Monat Eintritt frei, Tel. 1-323-934-72 43, 5801 Wilshire Blvd., östl. von Fairfax Ave. zw. S. Curson Ave./S. Ogden Dr., www.tarpits.org*

Insider Tipp

Petersen Automotive Museum [124 C4]
Das 1994 vom Verleger Robert E. Petersen eröffnete Museum besitzt die größte Sammlung zur Autokultur in Amerika. Historische Fahrzeuge wie das Ford-Modell T von Dick und Doof, futuristische und berühmte Autos aus Film und TV und über 100 seltene Rennwagen lassen Liebhaberherzen höher schlagen. Besucher gehen durch Straßenszenen der 20er- und 30er-Jahre. Die Ausstellungen wechseln

Insider Tipp

»Sprechende Wände«

Murals – Kunst für alle

In Los Angeles gibt es über 1500 »sprechende Wände«, riesige Wandgemälde, die ein Stück Geschichte bzw. Geschichten erzählen. Man findet sie fast überall: Downtown auf dem *Harbor Freeway North (Ausfahrt 8th St.)* thronen Mitglieder des Los Angeles Chamber Orchestra hoch über dem Verkehr. Anthony Quinn tanzt Sirtaki auf der Wand der *Victor Clothing Company (242 S. Broadway, zw. 2nd und 3rd St., Downtown)*. Als Huldigung an den Jazz in Los Angeles zeigt die Südwand des Capitol Towers *(1750 N. Vine St./Yucca St., zw. Franklin Ave. und Hollywood Blvd., Hollywood)* elf berühmte Musiker wie Nat King Cole, Miles Davis, Ella Fitzgerald, Billie Holiday und Tito Puente. Eine Momentaufnahme, gezeichnet von Rentnern und Highschool-Schülern, erzählt die Geschichte der Juden in Los Angeles von 1841 bis 1985: *Peoples Market Building (Fairfax Ave./Rosewood St., West Hollywood).*

oft, Kinder haben Spaß im Autosimulator oder auf dem Feuerwehrauto. *Di–So 10–18 Uhr, $ 10, Tel. 1-323-930-22 77, 6060 Wilshire Blvd./ Fairfax Ave., www.petersen.org*

Southwest Museum of the American Indian [127 E1]

★ Das älteste Museum der Stadt wurde 1907 von dem Architekten Charles F. Lummis gegründet, der sich besonders für die Ureinwohner Amerikas interessierte. Bereits vom Freeway aus sieht man das große Mission-Revival-Gebäude auf dem Mount Washington. Es beherbergt eine umfassende Sammlung von Native American Art von Alaska bis Südamerika inklusive seltener Gemälde und Waffen sowie indianischer Korbflechtereien, Navajo-Decken und Keramik und einem Sommertipi (Zelt) der Cheyenne. *Di–So 10–17 Uhr, $ 7,50, Tel. 1-323-221-21 64, 234 Museum Dr., nördl. vom Marmion Way im Highland Park, vom Pasadena Fwy. (I-110) Ausfahrt 43, rechts auf Figueroa den Schildern folgen; Metro Gold Line hält direkt am Museum, www.southwestmuseum.org*

Wells Fargo History Museum [119 D4]

In den Jahren nach den Goldfunden von 1848 hatten sich in Kalifornien 250 000 Goldsucher angesiedelt. Viele waren ohne ihre Familien gekommen und suchten nun nach Wegen, den Kontakt aufrechtzuerhalten. Die beiden Mitbegründer der American Express Company, Henry Wells und William G. Fargo, eröffneten 1852 ein Transportunternehmen, das mit Kutschen Menschen und Post über Land brachte und per Telegraf das Versenden von Nachrichten ermöglichte. Das Museum gibt Einblick in diese Pionierzeit. *Mo–Fr 9–17 Uhr, Eintritt frei, Tel. 1-213-253-71 66, 333 S. Grand Ave., Downtown, www.wellsfargo.com*

RUBY'S
AUTODINER
BFGoodrich

Kulinarische Weltreise

Vor allem asiatische und lateinamerikanische Einflüsse sorgen für ein breit gefächertes kulinarisches Angebot – man muss nur wissen, wo

Mit dem Autoboom kamen die *Drive-in-* und *Drive-through-*Restaurants, die sich besonders bei Teenagern großer Beliebtheit erfreuten. Noch heute können Sie mit dem Auto an die Schalter dieser Fastfoodrestaurants fahren, Ihre Bestellung aufgeben und den Hamburger im Auto essen. Die bekannten Kettenrestaurants, die auch Europa überschwemmt haben, sind immer noch der Renner. Im Land der Hamburger gibt es aber auch viele erstklassige Restaurants, die genauso gut in Paris, Mailand oder Tokio liegen könnten. Die Preise sind natürlich höher als im Schnellrestaurant, dafür wird beste Qualität geboten. Wenn Sie sich so ein Vergnügen erlauben wollen, aber eigentlich nicht leisten können, kommen Sie mittags zum Lunch, das meist preiswerter ist, oder essen Sie nur ein paar Vorspeisen. Sie können die Atmosphäre auch vom Barhocker aus genießen, denn viele Restaurants haben eine angegliederte Bar.

Wer ins Restaurant geht, bekommt gleich ein Glas Eiswasser und ein Körbchen mit Brot auf den Tisch gestellt, und von der Bestellung bis zur Rechnung geht weiter alles im Eiltempo. Niemand nimmt sich Zeit für ein gemütliches Mahl, dafür gibt es zu viel zu tun. Am Tag wartet der Job, abends das Kino oder Theater. Kein Wunder, dass die Hostess im voll besetzten Lokal den wartenden Gästen fast präzise sagen kann, wann der nächste Tisch frei wird. Lassen Sie sich also von langen Schlangen nicht irritieren, und vertreiben Sie sich die Wartezeit mit einem Aperitif an der Bar. Ein Tipp für die Speisekarte: Unter *Entrées* stehen die Hauptspeisen, Vorspeisen sind *Appetizer*. Eine Besonderheit, die in allen Restaurants selbstverständlich ist, sind *doggie bags*. Sind die Portionen zu groß, was oft der Fall ist, wird der Rest auf Wunsch eingepackt.

Vergessen Sie im Restaurant das Trinkgeld nicht!. Erwartet werden ca. 15 bis 20 Prozent der Rechnungssumme. Es ist nicht wie bei uns im Preis inbegriffen und bildet das Haupteinkommen der Kellnerinnen und Kellner, die nur einen geringen Basislohn erhalten. Faustregel: Verdoppeln Sie die *tax*, die Steuer, auf der Rechnung, und ad-

Das Drive-in-Restaurant – die perfekte Synthese von Auto- und Fastfoodkultur

Wo gibt's die leckersten Hamburger? Hier natürlich!

dieren Sie diesen Betrag. Achtung: Manche Restaurants addieren den Tip für Touristen automatisch – deshalb sollten Sie die Rechnung immer überprüfen, bevor Sie Trinkgeld geben!

1998 hat das Gesundheitsamt Coffee Shops, Diners, Restaurants, Bars etc. nach allgemeiner Sauberkeit der Räumlichkeiten, der Zubereitung der Speisen, deren Aufbewahrung und Lagerungstemperaturen überprüft und Zeugnisse ausgegeben, die am Eingang aushängen. Ein A ist das beste Ergebnis, B ist immer noch gut, bei C sollte man überlegen und um D einen Bogen machen. Die Wertungen werden in regelmäßigen Abständen überprüft und erneuert.

Als *California Cuisine* wird alles bezeichnet, was gerade »in« ist. Einen großen Einfluss hat die asiatische Küche, die *Pacific Rim Cuisine* (vor allem aus Japan), die in abgewandelter Form auch beim Italiener und Franzosen auf der Speisekarte zu finden ist und dann *Fusion Cuisine* genannt wird. Einer der Erfinder der *Fusion Cuisine* ist der Prominentenkoch Wolfgang Puck aus Österreich, der sie zuerst in seinem Restaurant *Chinois on Main* servierte. Unter *Southern Cuisine* oder *Soulfood* (»Essen für die Seele«) versteht man das scharfe, fette Essen aus den Südstaaten: z. B. Maisbrot, *BBQ (Barbecue) Ribs*, Eintöpfe mit Fisch und Garnelen, panierte Zwiebelringe. *Southwestern* (vor allem aus New Mexico) hat dagegen indianische Ursprünge: wilder Reis, Maiskolben, Bohneneintopf. Das übrige Angebot beruht auf den Essgewohnheiten der jeweiligen ethnischen Gruppen, die in Los Angeles leben. In den Gerichten von Köchen aus allen Erdteilen, die sich hier niedergelassen haben, findet sich meist die Erinnerung an das Originalrezept mit den Geschmacksvorlieben der Angelenos vereint – das Ganze gewürzt mit einer Prise Phantasie.

ÄTHIOPISCH

Meals by Genet [124 C4]
Afrikanische Kunst an den Wänden und leckere Fleischgerichte wie *kitfo* (Rindfleisch mit Gewürzbutter) sowie tolle Salatkombinationen auf dem Tieller. Das Restaurant beliefert auch viele Filmsets. *So–Di geschl., Tel. 1-323-938-93 04, 1053 S. Fairfax Ave. (südlich vom Olympic Blvd.), www.mealsbygenet.com, €€*

AMERIKANISCH

Cheesecake Factory [122 B2]
Familienrestaurant mit Riesenportionen. Am besten, man teilt sich ein Hauptgericht und ein Dessert zu zweit oder nimmt die Reste im *doggie bag* mit. Kalorienschwere Nachspeisen und Torten. Zum Dinner reservieren! *Kein Ruhetag, Tel. 1-310-826-71 11, 11647 San Vicente Blvd. zw. Barrington/Darlington Ave., Brentwood, www.cheesecakefactory.com, €€*

The Griddle Café [124 C2]
Chili mit Schokochips, Erdnussbuttersandwich mit Erdbeermarmelade und Banane in Schokolade, über 20 verschiedene Pfannkuchensorten und andere leckere Überraschungen. Große Portinonen und lange Schlangen! Hier frühstückt Drew Barrymore. *Tgl. 7–15 Uhr, 7916 Sunset Blvd./Fairfax Ave., West Hollywood, €*

Philippe The Original [119 F2] Insider Tipp
Schritt zurück in die Vergangenheit: Seit 1908 ist das Restaurant in Familienbesitz. Sägespäne auf dem Fußboden, lange Holztische. Hier wurde das *french dip sandwich* mit Rind-, Schweine-, Lammfleisch oder Truthahn auf einer knusprigen Semmel kreiert. Kartoffelsalat, große Auswahl an Torten und Weinen. Eine Tasse Kaffee kostet 9 Cent. Keine Kreditkarten. *Kein Ruhetag, 1001 N. Alameda St./Ord St. nahe Union Station, Chinatown, €*

MARCO POLO Highlights »Essen & Trinken«

★ **Crustacean**
Vietnamesisches Essen im Bambusgarten (Seite 61)

★ **El Cholo**
Margaritas auf der Hacienda (Seite 59)

★ **Gladstone's 4 Fish**
Große Portionen und neugierige Möwen (Seite 54)

★ **Mel's Drive-in**
American Feeling mit Juke Box (Seite 57)

★ **Todai Shabu House**
Essen bis zum Umfallen (Seite 59)

★ **Pacific Dining Car**
Gute T-Bone-Steaks zu jeder Tageszeit (Seite 60)

Die Gourmettempel von Los Angeles

Chinois on Main **[121 D6]**
Laut, voll, teuer, aber der beste Franco-Asian-Food-Tempel. *Tempura Ahi Tuna Sashimi* mit *Uni* (Seeigel)-Soße, Foie gras mit marinierter Ananas, Shanghai-Lobster-Risotto mit scharfem Ingwer-Curry und knusprigem Spinat. *Lunch ab $ 32. Kein Ruhetag, Tel. 1-310-392-30 38, 2709 Main St., zw. Ashland Ave./Hill St., Santa Monica*

Bastide **[124 B3]**
Die Inneneinrichtung der Pariser Innenarchitektin Andrée Putman ist betont schlicht und elegant. Das Menü ist provençalisch angehaucht und bietet von Lammbraten und Melonencannelloni bis zu Sevruga-Kaviar und Foie Gras alles, was der Feinschmecker liebt. *6-Gänge-Menü ab $ 60. Sa/So geschl., Tel. 1-323-651-59 50, 8475 Melrose Place/La Cienega Blvd., L. A.*

L'Orangerie **[124 B3]**
Seit 25 Jahren unübertroffen! Neues Design mit Wandmalereien à la Versailles. Gobelins, Rundbögen, Louis-XVI.-Möbel: Schlossgefühl in L. A. Chef Christophe Eme ist ein Magier der Küche. Seine Kreationen wie Seeigel mit Fenchelcreme und *Burgundy snails* (Schnecken) mit süßem Knoblauch sind unübertroffen. *8-Gang-Menü $ 135. Di–Fr Lunch und Dinner, Sa/So nur Dinner, Tel. 1-310-652-97 70, 903 N. La Cienega Blvd., zw. Sherwood Dr./Santa Monica Blvd., L. A., www.orangerie.com*

Ginza Sushiko **[123 F1]**
Die Menüs sind unvergesslich – kulinarisch und preislich. Dinner $ 250. Im Winter wird für $ 300 *blowfish* (Kugelfisch) serviert, der für seine angeblich aphrodisierende Wirkung bekannt ist. *Nur Dinner, So/Mo geschl., Two Rodeo, Tel. 1-310-247-89 39, 218 N. Rodeo Dr./Wilshire Blvd., 1. Stock des Einkaufszentrums, Beverly Hills*

Valentino **[122 C3]**
Gilt als der Italiener mit der besten Weinkarte außerhalb Europas. 130 000 Flaschen sollen im Keller lagern. Leichte, moderne Küche, täglich wechselnde Angebote. *5-Gänge-Menü ab $ 65. So geschl., Tel. 1-310-829-43 13, 3115 Pico Blvd., zw. 31./32. St., Santa Monica, www.valentinorestaurant.com*

AUSSICHTSRESTAURANTS

Gladstone's 4 Fish **[128 A3]**
★ Gute-Laune-Lokal am Strand. Aus Fässern kann man sich die Taschen mit Erdnüssen voll stopfen und damit die Möwen füttern, die am liebsten mit am Tisch säßen. Innen nach einem Fensterplatz fragen. Tagsüber sieht man oft Delphine, nachts werden die krachenden Wellen angestrahlt. Warmes Sauerteigbrot, Riesenportionen Fisch, Steak, BBQ Ribs, umfangreich bestückte Bar und interessante Mixgetränke. Die Kellner zaubern aus jedem *doggie bag* eine goldene Palme, einen Wal oder Schwan.

Insider Tipp

Eingang zum Gourmettempel Chinois on Main

Der berühmte Schokoladenkuchen *Mile high* macht locker sechs Personen satt. *Kein Ruhetag, Tel. 1-310-454-34 74, 17300 W. Pacific Coast Hwy./Sunset Blvd., Pacific Palisades, www.gladstones.com, €*

Yamashiro **[120 A1]**

Seit 1911 privates Anwesen, dann exklusiver Club und Hotel, heute einer der besten Japaner. Das Gebäude ist einem Palast in Kyoto nachempfunden. Hoch oben in den Hollywood Hills, umgeben von einem Garten mit Skulpturen, ist eine atemberaubende Aussicht garantiert. Hervorragendes Sushi und Gegrilltes. *Kein Ruhetag, Tel. 1-323-466-51 25, 1999 N. Sycamore Ave., nördl. von Franklin Ave., www.yamashirorestaurant.com, €€€*

BRUNCH

House of Blues **[124 B2]**

Berühmt für den *Sunday Gospelbrunch* und *Southern Food* bzw. *Cajun Cooking*, d. h. scharf, fett und zum Fingerablecken gut. Die Musikdarbietungen sind mitreißend. Der Club gehört der Harvard University, Jim Belushi, Aerosmith und Dan Aykroyd. *Vorstellungen 10 und 13 Uhr, ab $ 33, Tel. 1-323-848-51 00, 8430 Sunset Blvd., ein Block östl. von La Cienega Blvd., West Hollywood, www.hob.com, €€*

CALIFORNIA, FUSION, PACIFIC RIM CUISINE

Café Pinot **[118 C4]**

Mitten in Downtown unter alten Olivenbäumen im Garten der Central Library essen, nachts mit Blick auf funkelnde Großstadtlichter. Frischer Fisch, Nudelgerichte, Lachs-Auberginen-Lasagne, freitags Spanferkel mit Kruste. *Kein Ruhetag, Tel. 1-213-239-65 00, 700 W. Fifth St. zw. Grand/Flower St., www.patinagroup.com, €€*

Campanile **[124–125 C–D4]**

Das Haus gehörte Charlie Chaplin, und vieles in dem Spanish-Style-Gebäude ist unverändert geblieben. Auf der Speisekarte stehen gegrillter Fisch, Hummerrisotto, frittierte Zucchiniblüten mit Mozzarella und

Spezialitäten aus Los Angeles

Lassen Sie sich diese Köstlichkeiten gut schmecken!

Caesar Salad – Römischer Salat mit Mayonnaisedressing, Kapern, Anchovis, geriebenem Parmesan

California Roll – In Seetang gewickelter Reis mit Fisch, Rogen, Gurken, Garnelen, Avocado

Carrot Cake – Mehl, Zimt, Eier, Zucker, Öl, geriebene Karotten, Ananasstücke, Nüsse, Vanillecreme

Ceviche – In dünne Scheiben geschnittener Heilbutt, mariniert in Limonensaft mit Tomate, Zwiebel, Olivenöl, Weißwein, Essig, Chilisoße, Oregano, Oliven, Petersilie

Chicken Mole – Hühnchenbrust mit Gemüse, Reis und scharfer Schokoladensoße

Chicken Salad – Klein geraspelter Eisbergsalat und Weißkohl, Sesam, Sojasoße, frische Erbsenschoten, Sellerie, Karotten, Zwiebel, Knoblauch, gekochtes Hühnerfleisch

Crab Cakes – Knusprig gebratenes Krabbenfleisch mit Knoblauch, Gemüse, Sahne, Chili, Dill, Petersilie, Schnittlauch, Zwiebel, Paprika

Frappuccini – Eiskaffee mit Milch. Varianten: Mocca-, Vanille-, Haselnuss-, Karamelgeschmack

Fruit Smoothie – Erfrischendes Getränk mit Früchten und Eis, Joghurt oder Sojamilch aus dem Mixer

Huevos Rancheros – Omelette mit Käse, Salsa (scharfe Chilisoße), Chilischoten, Avocado, schwarzen Bohnen, Sour cream auf warmen Tortillas

Mixed Vegetable Burritos – Tortillarollen (aus Maismehl) gefüllt mit Zucchini, Paprika, Auberginen, Käse, Reis, schwarzen Bohnen, Eisbergsalat, Salsa

Seared Ahi Tuna – in Sesam und Pfeffer gewendetes, kurz angebratenes Thunfischsteak, wird in Scheiben geschnitten zu Salat serviert

Tacos – kleine knusprige Tortillaschiffchen gefüllt mit Salat, Salsa, Avocado und Crème fraîche, Hühner- oder Rindfleischstreifen

Tamales – In Bananenblätter eingewickeltes Maismehl mit gedünstetem Huhn, Schwein oder Rind, verschiedenem Gemüse und Käse – scharf und süß gewürzt

Tortilla Soup – Pürierter Mais mit Tomaten, Zwiebeln, Knoblauch, Chili und Tortillastreifen

Veggie Burger – Gebratenes Gemüsesteak mit Soja/Tofu und Gewürzen mit Tomaten, Salat, Käse, Zwiebelringen, Senf und Mayonnaise auf Brötchen

erstklassiges selbst gebackenes Brot aus der La Brea Bakery von nebenan, dazu gutes Olivenöl zum Dippen. Empfehlenswertes Frühstück! *Kein Ruhetag, Sa/So Brunch, So kein Dinner, Tel. 1-323-938-14 47, 624 S. La Brea Ave., zw. Wilshire Blvd./West Sixth St., www.campanilerestaurant.com, €€€*

TRAXX [119 F3]

Fusion Dining im Art-déco-Bahnhofsrestaurant, auch zum Draußensitzen. In der offenen Küche werden Venusmuscheln in roter Thaisoße zubereitet, *crab cakes* und Lammkoteletts. Hervorragende *pecan pie* (eine Art Nusskuchen) und wunderbarer *Blue Agave Tequila. So geschl., Sa kein Lunch, Tel. 1-213-625-19 99, 800 N. Alameda St./Union Station, Downtown, www.traxxrestaurant.com, €€*

CHINESISCH

Empress Pavilion [126–127 C–D4]

Hier gibt's das beste Dim Sum außerhalb von Hongkong. Riesenrestaurant im 2. Stock mit 175 Speisen auf der Karte; gute kantonesische Küche, aber meist lange Wartezeiten. *Dim Sum tgl. 9–14.30 Uhr, Lunch und Dinner bis 22 Uhr, Bamboo Plaza, 988 N. Hill St./Bernard St., Chinatown, €€*

COFFEE SHOP & DINER

Mel's Drive-in [124 B2]

Hier erfährt man, wo und wie die Einheimischen essen und aßen, allerdings kein Drive-in mehr. Burgers in diversen Variationen, Salate, Großmutters Aufläufe und Kuchen, Sandwiches, Hotdogs, Wein

Typisches Diner

und Bier. Aus dem *soda fountain* sprudeln *yoghurt shakes* und *smoothies. Banana split* ist ein Muss. Jukebox am Tisch. *Tgl. rund um die Uhr geöffnet, 8585 Sunset Blvd. zw. Londonderry Pl./Sunset Pl. Dr., West Hollywood, www.Melsdrive-in.com, €€€*

DELI & SANDWICH SHOP

Canter's [124 C3]

Seit 1928 werden hier neben allen üblichen Deli-Spezialitäten Brotsorten aus der Alten Welt sowie Kekse, Kuchen und Torten aus der eigenen Bäckerei geboten. Jeden Abend Livemusik. *Tgl. rund um die Uhr, Tel. 1-323-651-20 30, 419 Fairfax, zw. Oakwood/Rosewood Ave., West Hollywood, €€€*

HAMBURGER

Pink's Hot Dogs [124 C3]
Jeder, ob Moviestar oder Otto Normalverbraucher, kommt seit 1939 her, um seinen Heißhunger auf Hamburger und Hotdogs zu stillen. *Kein Ruhetag, keine Kreditkarten, 709 N. La Brea/Melrose Ave., Hollywood, €*

INDISCH

Nawab of India [122 B4]
Indische Küche, gesund und sehr schmackhaft. Die besten *tandooris* der Westside. *Kein Ruhetag, Tel. 1-310-829-11 06, 1621 Wilshire Blvd., zw. 16th/17th St., Santa Monica, €–€€*

ITALIENISCH

Miceli's [125 D2]
Die beste Pizza – seit über 50 Jahren. Gemütliche Atmosphäre, Knoblauchduft, Chianti und singende Kellner. *Kein Ruhetag, Tel. 1-323-466-34 38, 1646 N. Las Palmas Ave./Selma Ave., Hollywood, www.micelisrestaurant.com, €*

Prego [124 A3]
Toskanische Trattoria mitten in Beverly Hills. Es gibt knusprige Pizza aus dem Holzofen, tolle hausgemachte Pasta, gegrillten Fisch u. a. *Kein Ruhetag, So kein Lunch, Tel. 1-310-277-73 46, 362 N. Camden Dr., zw. Wilshire Blvd./Brighton Way, €€*

JAPANISCH

Frying Fish [119 E4]
Seafood und Sushi kommen auf einem Laufband vorbei, und man nimmt sich, worauf man Appetit hat. Abgerechnet wird nach Anzahl und Farbe der Schüsselchen. *Kein Ruhetag, 120 Japanese Village Plaza, 350 E. First St., Little Tokyo, €*

In L. A. beweisen viele japanische Küchenchefs ihre Kochkünste

The Lighthouse [122 A4]
Insider Tipp
Japanisches Lunch- und Dinnerbüfett *all-you-can-eat* – so viel man essen kann. Misosuppe, Gebratenes, Sushi, Gemüse, Früchte, Süßspeisen. *Kein Ruhetag, Fixpreis Lunch $ 11,95, Dinner $ 18,95; Tel. 1-310-451-20 76, 201 Arizona Ave./Second St., Santa Monica, €*

Todai Shabu House [122 C3]
★ Hier kocht man selbst. Jeder Tisch erhält einen Topf und Seafood, Fleisch und Gemüse, und man wirft in die Brühe, so viel man wünscht. Außerdem *all-you-can-eat-Büfett. Kein Ruhetag, Fixpreis Lunch $ 12,95, Dinner ab $ 15,95, Tel. 1-310-979-86 55, 12400 Wilshire Blvd., 2 Blocks westl. von Bundy Dr., West L. A., €*

KUBANISCH

Versailles [124 B4]
Miami in L. A., auch wenn der Name eher auf Frankreich verweist: Spezialitäten aus Havanna mit schwarzen Bohnen und weißem Reis *(moors and christians)*, ganzer gegrillter Fisch, Spanferkel in Knoblauch-Zitronen-Soße. *Kein Ruhetag, 1415 S. La Cienega Blvd., südl. von Pico Blvd., €*

MEXIKANISCH

Abuelitas Mexican Restaurant [128 A2–3]
Scharfe Tortillas, Enchiladas, Tamales, Burritos, Tacos, kaltes Bier und Margaritas in romantischer Umgebung. Tanz bis spät in die Nacht. *Mo geschl., 137 S. Topanga Canyon Blvd., Topanga (ca. 7 km vom PCH), Tel. 1-310-455-87 88, www.abuelitastopanga.com, €–€€*

El Cholo [125 E5]
★ Seit 1927 werden in der traditionsreichsten aller mexikanischen Cantinas im pinkfarbenen Adobebau nicht nur authentisches Essen im Hacienda Style, sondern auch die größten Margaritas der Stadt serviert. Beste *mole poblano* (Schokoladensoße) mit Huhn und *guacamole* (Avocadocreme). *Kein Ruhetag, Tel. 1-323-734-27 73, 1121 S. Western Ave., zw. Olympic/Pico Blvd., www.elcholo.com, €*

MIDDLE EASTERN

Caroussel [125 E2]
Gefüllte Weinblätter, Hummus, Pita. Gutes Essen, schlichte Atmosphäre und kleine Preise. *Kein Ruhetag, 5112 Hollywood Blvd./Normandie Ave., Los Angeles, €*

ROMANTISCH

Inn of the Seventh Ray [128 A3]
Am schönsten, wenn es dunkel wird: kleine Lichter in den Bäumen, Kerzen auf den Tischen, Cañongeräusche der Nacht, klassische Musik, Ente mit Mangopüree und vegetarische Festtafel, Wein aus Bioanbau, auf Wunsch sogar alkoholfrei. *Kein Ruhetag, Tel. 1-310-455-13 11, 128 Old Topanga Rd./Topanga Canyon Rd., Malibu, www.innoftheseventhray.com, €€€*

SEAFOOD

Ballona Fish Market [123 D6]
Klassiker wie Caesar Salad, Crab Cakes, Hummer, Austern, Steaks. Ostküsten-Fischrestaurant mit kalifornischem Einschlag unter deutscher Leitung. *Tgl. Dinner, Mo–Fr Lunch, Tel. 1-310-822-89 79, 13455*

Straßenrestaurant am Sunset Boulevard

Maxella Ave.(Marina Marketplace), Marina del Rey, €–€€

The Lobster [120 B6]
Austern, Hummer, Krabben, Muscheln und Fisch gegrillt, gekocht, gedünstet. Auch Steaks und Hühnchen. Die Aussicht ist traumhaft, Sonnenbrille nicht vergessen! Sonnenuntergänge sind umsonst. Reservierung empfohlen. *Kein Ruhetag, Tel. 1-310-458-92 94, 1602 Ocean Ave./Colorado Blvd., Santa Monica, www.thelobster.com,* €€

SOUTHERN

Roscoe's House of Chicken 'n' Waffles [121 F3]
Mit der Atmosphäre eines intimen Jazzclubs. Aber es wird nicht gespielt, sondern nur gegessen. Hier stopfen sich die Musiker zwischen ihren *gigs* (Auftritten) den Bauch voll mit gebratenen Hühnchen, Waffeln, BBQ, Würsten, Bratkartoffeln u. a. Die Portionen sind groß und die Preise klein. *Kein Ruhetag, Tel. 1-323-466-93 29, 1514 N. Gower St./Sunset Blvd., Hollywood,* €

SOUTHWESTERN

Authentic Café [124 C3]
Chili quesadillas, corn tamales, chicken casserole, cornbread, Fleischauflauf in Karamellsoße; große Portionen für wenig Geld. Kein Alkohol! *Kein Ruhetag, 7605 Beverly Blvd./Curson Ave., West Hollywood, www.authenticcafe.com,* €

STEAKHAUS

Pacific Dining Car [118 C4]
★ Wer nachts Appetit auf ein Steak bekommt, ist hier richtig. Das Restaurant besteht seit 1921 und serviert jeden Tag rund um die Uhr gute T-Bone-Steaks sowie herzhaftes Frühstück; zum Dinner reservieren! *Tel. 1-213-483-60 00, 1310 W. 6th St./Witmer St., Downtown, www.pacificdiningcar.com,* €€

Insider Tipp

SÜDAMERIKANISCH

Ciudad **[118 C4]**
Kulinarische Rundreise durch Lateinamerika: *papas criollas* (Kartoffelkroketten, gefüllt mit gekochtem Ochsenschwanz) aus Peru, das chilenische Nationalgericht *congrio* (Fischeintopf), argentinische *empanadas* (gefüllte Blätterteigtaschen). *Kein Ruhetag, Tel. 1-213-486-51 71, 445 S. Figueroa/5th St., Downtown, www.ciudad-la.com, €€*

TEATIME

Zen Zoo **[122 B2]**
Ungewöhnliche Teesorten wie *bubble teas, zenfusion* im Martinishaker aus schwarzem oder grünem Tee mit Honig, Passionsfrucht-, Minze- oder Mangosirup über Eis und Tapiokakugeln, die wie Gummibärchen schmecken; dazu Dim Sum und Chicken Salad. *Kein Ruhetag, 13 050 San Vicente Blvd./26th St., Brentwood, www.zenzootea.com, €*

THAI

Tommy Tang's **[124 C3]**
Thai für Trendsetter, dienstags kommen die Kellner als *drag queens* (Männer in Frauenkleidern). *Thai toast, Malaysian clams* (Muscheln); zum Dinner reservieren! Pre Fix Menu $ 20. *Kein Ruhetag, Tel. 1-323-937-57 81, 7313 Melrose Ave., zw. Fairfax/La Brea Ave., Hollywood, www.tommytangs.com, € – €€*

VEGETARISCH

Insider Tipp **Juliano's RAW** **[120 B5]**
Hier wird nicht gekocht, sondern mir rohen Zutaten kreiert. Hip-Restaurant für alle, die gesund und schön sein wollen. Die Gerichte (u. a. Pizzas, Sandwiches, Burritos) sind optische Kunstwerke, oft mit essbaren Blüten garniert. Hauchdünne Gemüsestreifen bilden Spaghetti; die Soße besteht aus gemahlenen Pinienkernen mit Knoblauch. Es gibt sogar Sushi mit Lachscreme, das aber ohne Fisch, weil hier alles nicht nur organisch und roh, sondern auch vegetarisch ist. *Kein Ruhetag, Tel. 1-310-587-15 52, 609 Broadway/6th St., Santa Monica, www.rawrestaurant.com, €€*

Real Food Daily **[120 A5]**
Hundertprozentig vegetarisch! Hier kommt nichts auf den Teller, was Eltern hat. Selbst Milch, Käse und Eier sucht man vergebens. Phantasievolle Kreationen – gegrillt, gedünstet oder roh mit Gemüse, Tofu, Miso, Terriaki, Pesto, Salat, Früchten und leckeren Desserts. Nicht nur gesund, es schmeckt auch. *Kein Ruhetag, Tel. 1-310-451-75 44, 514 Santa Monica Blvd., Santa Monica, www.realfooddaily.com, €*

VIETNAMESISCH

Crustacean **[123 F1]**
★ Exakte Nachbildung des alten Familiensitzes der Betreiber in Vietnam von 1930, mit Bambusgarten, Veranda und Pianobar. Unter dem Glasboden fließt ein Bach mit Koi-Fischen. Das köstliche Essen kommt aus der Geheimküche, zu der wirklich nur Familienmitglieder Zugang haben. Knoblauchnudeln, mit Garnelen gefüllte Reispapierrollen. Mittwochs Livejazz. *Kein Ruhetag, Tel. 1-310-205-89 90, 9646 Little Santa Monica Blvd./N. Bedford Dr., Beverly Hills, www.anfamily.com, €€€*

LOUIS VUITTON
LOUIS VUIT

Paradies für Shopper

In den Kathedralen des Konsums ist das ganze Jahr über Ausverkauf

In L. A. gibt es nichts, was es nicht gibt. Aber das ist noch nicht alles, hier herrscht auch rund ums Jahr Ausverkauf *(sale)*. Die herabgesetzten Artikel befinden sich meist auf den hinteren Ständern. An Feiertagen, wenn bei uns alle Läden geschlossen sind, werden hier besonders viele extrem günstige Sonderangebote angepriesen. Wo man was bekommt, steht in großen Anzeigen in der »L. A. Times«. Wer Zeit und Ausdauer hat, kann sich durch die Stände und Tische der Niedrigpreisläden wie *Loehmann's (www.loehmanns.com)* und *Ross Dress for Less (www.rossstores.com)* wühlen, die über die ganze Stadt verteilt sind. Die Adresse des für Sie nächsten Ladens erfahren Sie bei der Auskunft *(Tel. 411)*. Hier gibt's Designermode zum Discountpreis. Nicht immer die allerletzte Kollektion, doch immer gut für Klassiker wie Poloshirts oder Jeans.

Los Angeles ist das Shopping-Mall-Paradies. Aber Sie müssen nicht jede Einzelne abklappern. Im Großen und Ganzen gibt es, mit kleinen Abweichungen, überall die gleichen Kaufhäuser und Läden wie *Gap, Abercrombie & Fitch* und *Victoria's Secret* sowie Turnschuhboutiquen mit Nike oder Reebok. Wenn Sie einen Laden betreten und höflich nach Ihrem Befinden gefragt werden (»How are you?«), antworten Sie am besten mit einem Lächeln oder mit »Thank you, fine.« (»Danke, gut.«) Unerwünschte Hilfsbereitschaft können Sie mit »I'm just looking« (»Ich schau' mich nur mal um.«) höflich abblocken.

Das Parken ist in den Malls und den Parkhäusern in Beverly Hills und Santa Monica meist für zwei bis drei Stunden frei. Lesen Sie die Schilder, die an der Einfahrt aushängen, damit es keine böse Überraschung gibt. Am besten kurz notieren, wo Sie parken, damit Sie bei der Rückkehr nicht lange suchen müssen. Die Öffnungszeiten der Malls, die wie alle anderen Geschäfte sieben Tage die Woche geöffnet haben: 10–20 Uhr, an Wochenenden länger. Läden und Boutiquen auf der Straße machen gegen 18 Uhr dicht. Supermärkte und Drugstores sind meist rund um die Uhr geöffnet. Und fast überall gibt es Parkmöglichkeiten. Einkaufen zum Einkaufspreis kann man in den *Outlet Stores*, die sich meist in den Randgebieten der Stadt befinden.

Exklusive Taschen präsentiert Louis Vuitton am Rodeo Drive

Liebhaber von kuriosem Schnickschnack werden in L. A. fündig

Souvenirs wie Filmposter, Post- und Autogrammkarten, Schlüsselanhänger oder T-Shirts finden Sie auf dem *Hollywood Walk of Fame* auf dem Hollywood Boulevard zwischen Gower Street und La Brea Avenue in Hollywood **[120–121 A–F2]**. Sonnenbrillen, T-Shirts und mehr werden auf dem *Ocean Front Walk* zwischen Marine Street und Windward Avenue am Venice Beach **[121 E–F6]** zu Billigpreisen angeboten. Exotische Waren wie Seidenkimonos, Slipper, Fächer, grünen Tee, Ginseng und preiswerte Koffer und Taschen gibt es in *Chinatown* zwischen Broadway und Yale Street **[119 F1]**, mexikanische Souvenirs, Silber und Lederwaren auf der *Olvera Street* zwischen Main und Los Angeles Street in Downtown **[119 F3]**. Auf dem *Broadway*, Downtown zwischen Olympic und Third Street **[118–119 C–D 4–6]**, bekommen Sie in den vielen mexikanischen Läden Designerjeans fast zu Wegwerfpreisen. Die besten Einkaufsmöglichkeiten außerhalb der Malls: *Montana Avenue* zwischen 17th und 6th Street **[122 A–B 3–4]**, *Main Street* zwischen Ocean Park Boulevard und Marine Street **[121 D6]** und *Third Street Promenade* zwischen Broadway und Wilshire Boulevard in Santa Monica **[120 A–B6]**; *Sunset Strip*, auch Sunset Plaza genannt, zwischen La Cienega und San Vicente Boulevard **[124 B2]**, *Melrose Avenue* zwischen La Brea Avenue und Doheny Drive in West Los Angeles **[124 B–C3]**; das »goldene Dreieck« zwischen Wilshire und Santa Monica Boulevard und Crescent Drive in *Beverly Hills* **[123 F1]** und *San Vicente Boulevard* zwischen Barrington Avenue und dem Bundy Drive **[122 B–C2]**.

Südkalifornien ist auch Geburtsort der New-Age-Bewegung. In vielen Läden, Cafés und Restaurants gibt es Abteilungen, die eine umfangreiche Produktauswahl wie Kerzen, Bücher, CDs, ätherische Öle, Räucherstäbchen etc. dazu anbieten.

Denken Sie daran, dass die Verkaufssteuer nicht im Preis inbegriffen ist. Überall werden 8,25 Prozent *sales tax* addiert.

ANTIQUITÄTEN

Memory Lane [124 B3]
Eine echte Fundgrube: Cocktailshaker, Bakelitradios, Schmuck und Klamotten von Anno dazumal. *8387 Third St./Orlando Ave., Los Angeles*

BÜCHER

Book Soup [124 B2]
★ Der berühmteste Literaturladen in L. A., hier finden auch Insider Tipp Autorenlesungen statt. Riesenauswahl an Büchern zum Thema Showbiz und an internationalen Zeitungen und Zeitschriften. *Tgl. 7–24 Uhr, 8818 Sunset Blvd., zw. Hollyway Dr./Larrabee St., West Hollywood*

Cinema Collectors [120 C2]
Ausgezeichnete Kollektion von seltenen Filmpostern, -fotos und -büchern. *1507 Wilcox Ave./Sunset, Los Angeles*

Hennessy & Ingalls [120 B6]
Amerikas größtes Fachgeschäft für Bücher und Zeitschriften zu Kunst und Architektur. Hier finden Sie z. B. Literatur über Richard Neutra, Rudolf Schindler, John Lautner, Gregory Ain, Cliff May, Pierre Koenig u. a., die Kalifornien mit ihren hervorragenden Bauwerken bestückt haben. *1254 Third St. Promenade, zw. Broadway/Santa Monica Blvd., Santa Monica, www.hennessyingalls.com*

MARCO POLO Highlights »Einkaufen«

★ **Barneys New York**
Kaufhaus mit aktuellen Designerkollektionen (Seite 67)

★ **Book Soup**
Beliebter Literaturtempel und -treffpunkt (Seite 65)

★ **The Grove at Farmers Market**
Neues Einkaufsparadies ohne Autoverkehr (Seite 70)

★ **K Chocolatier**
Selbst gemachte Schokoladensünden (Seite 70)

★ **Virgin Megastore**
Alles, was je auf Schallplatte und CD erschienen ist (Seite 70)

★ **Allied Model Trains**
Schlaraffenland für Modell-Eisenbahner (Seite 71)

★ **Restoration Hardware**
Ungewöhnliches aus Amerikas Wohnstuben von damals und heute (Seite 67)

★ **Rose Bowl Flea Market**
Fundgrube für Antikes und Secondhand (Seite 66)

ELEKTRONIK

Technische Spielereien wie Rasierspiegel, die nicht beschlagen, Frischluftfilter zum Umhängen, edlen Schnickschnack für den Golfer und mehr gibt's bei *Sharper Image (www.sharperimage.com)*, *Hamacher & Schlemmer (www.hamacherschlemmer.com)* und *Brookstone (www.brookstone. com)*, Ladenketten, die in vielen Shopping Malls zu finden sind. In den USA gibt es eine andere Netzspannung; fragen Sie deshalb, ob sich das Gerät umstellen lässt.

Insider Tipp
Bel Air Camera [123 D2]
Foto-, Digital- und Videokameras sowie Zubehör zu Wettbewerbspreisen – dazu fachkundige Verkäufer. *10925 Kinross Ave./Gayley Ave., Westwood, www.belaircamera.com*

Creative Computer [122 B4]
Computer, Bildschirme, Pocketbooks, Drucker, Aktenvernichter, Computerprogramme und -spiele, Zubehör. *1505 Wilshire Blvd./15th St., Santa Monica, www.pcmall.com*

FACTORY OUTLET STORES

Camarillo Premium Outlets [0]
Alles 25–65 Prozent billiger. 120 Läden: u. a. MCM, Reebok, Donna Karan, Ann Taylor. *740 E. Ventura Blvd., 60 km nördl. von Downtown, I-101, Ausfahrt Las Posas, Camarillo*

Citadel Factory Stores [129 D3]
Betsey Johnson, Designer Lables for Less, Max Studio, United Colors of Benetton u. a. *5674 E. Telegraph Rd., 15 km südl. von Downtown, I-5, Ausfahrt Washington, dann zweimal links auf die Telegraph Rd., City of Commerce*

Desert Hill Premium Outlets [0]
Über 120 Läden von A/X Armani, Barney's New York, Cole Haan, Donna Karan, Escada, Esprit, Gap, Guess?, Lacoste, Levis, Nike, Polo Ralph Lauren, Hilfiger bis Versace und OshKosh B'Gosh. *48400 Seminole Dr., Cabazon, ca. 60 Min. von L. A., I-10, Ausfahrt Fields Rd.*

Ontario Mills [0] Insider Tipp
Riesige Mall mit über 200 Outlets: u. a. Elektronik, Lederwaren, Brillen, Sportartikel, Schmuck, Bekleidung, Kosmetik, Spielzeug, Bücher, CDs. *Ca. 40 Min. östl. von L. A., 30 Min. von Disneyland, I-10, Ausfahrt Milliken Ave., Kreuzung I-10/I-15*

FLOHMÄRKTE & SECONDHAND

Rose Bowl Flea Market [129 D2]
★ An jedem zweiten So im Monat kann man auf dem größten Flohmarkt Südkaliforniens nach Herzenslust stöbern und kaufen. Surfboards, Tongeschirr aus Mexiko, Secondhand-Klamotten, antike Möbel, Schmuck und andere Liebhaberartikel. *7.30–16.30 Uhr, Eintritt $ 7, 991 Rosemont Ave., Pasadena*

Wasteland [124 C3] Insider Tipp
Riesenauswahl an Retroklamotten. Hier kaufen auch Stars wie Winona Ryder. Hawaii- und Cowboyhemden, Jeans, Schuhe. *7428 Melrose Ave./Vista St., West Hollywood*

GESCHENKE & SOUVENIRS

DFS Galleria [123 F1]
In Ruhe zollfrei shoppen: Parfüm, Kosmetik, Lederwaren, Uhren, Sonnenbrillen, T-Shirts, Wein, Sou-

venirs; Artikel von Burberry, Cartier, Chanel, Coach, Estée Lauder, Fendi, Guess?, Gucci. Flugticket nicht vergessen! Die Waren holen Sie am Flughafen vor dem Abflug ab. *6801 Hollywood Blvd., Suite 105/201 (Highland Ave.) Hollywood, www.dfsgalleria.com*

Fred Segal [124 B3]

Hier werden Trends gemacht. Zum Publikum zählen Models, Hairstylisten, Visagisten und Moviestars. T-Shirts, Reisetaschen, elektronische Spielereien, Kindermode und Spielzeug – von den neuesten Klamotten für den Strand bis zum eleganten Abend-outfit. *8100 Melrose Ave./Crescent Hights Blvd., West Hollywood, und 500 und 420 Broadway zw. 4th/5th St., Santa Monica*

Gallery of Functional Art [122 C3]

Möbel als Kunstobjekte oder Kunstobjekte als Möbel? Die Frage stellt sich auch für Schmuck und Porzellan. Ausgefallenes für Leute, die Spaß an Kunst mit Nutzwert haben. *Bergamot Station, 2525 Michigan Ave., Santa Monica, www.galleryoffunctionalart.com*

Moletown [124–125 C–D 2–3]

T-Shirts, Hüte, Schlüsselanhänger, Becher, Jacken, Filmposter wie z. B. von »X-Files«, »The Simpsons«, »Sex and the City« und von verschiedenen Studios wie MGM, Warner und Universal. *900 N. La Brea Ave./Willoughby, Hollywood, www.moletown.com*

Restoration Hardware [120 A6]

★ Ungewöhnliches und Alltägliches. *Moon Pie* (Marshmallow-Sandwich), *Bromwell Popper* von 1819 mit Popcorn, Türdrücker, Schubladenknöpfe, *Porter's Original Bodylotion* von 1931, Apfelschälgeräte. *1211 Third St. Promenade, zw. Wilshire/Arizona Blvd., Santa Monica, www.restorationhardware.com*

Soolip Paperie & Press [124 B3]

Ausgefallene Schreibwaren, handgemachtes Papier aus Japan zum Einwickeln, Draufschreiben oder An-die-Wand-hängen, Fotoalben, Tagebücher in weichem Leder, Siegel, Wachs, Grußkarten. *8646 Melrose Ave./Norwich Dr., West Hollywood*

Sur La Table [120 A6]

Kochgeschirr und -zubehör vom Feinsten: Keks- und Backformen, Olivenöle, Pasten, Feigenessig, marokkanische Teegläser, Tischdecken, Servietten, Cocktailshaker und Gläser. Ausgefallenes für Hausfrauen und -männer und Hobbyköche. *301 Wilshire Blvd./Third St., Santa Monica, www.surlatable.com*

TFTM (Thanks for the Memories) [124 B3]

Original Art déco: Möbel, Ölgemälde, Poster, Fotografien, Nippesfiguren, Schmuck und Bakelitarmbänder, Ohrringe und Ketten, die ein kleines Vermögen kosten. *8319 Melrose Ave., zw. La Cienega Blvd./Fairfax Ave., West Hollywood*

KAUFHÄUSER

Barneys New York [123 F1]

★ West-Coast-Ableger des Manhattan-Kaufhauses, beliebt bei jungen Hipsters. Designerklamotten, Kosmetik, Schmuck. *9570 Wilshire Blvd., zw. Peck/Camden Dr., Beverly Hills, www.barneys.com*

Für modebewusste Sportfans: Niketown in Beverly Hills

Neiman-Marcus [123 F1]
Mode von Avantgarde bis klassisch. Beliebt bei Promis und solchen, die es gern sein wollen. *9700 Wilshire Blvd., zw. Roxbury/Bedford Dr., Beverly Hills, www.neimanmarcus.com*

Saks Fifth Avenue [123 F1]
Die beste Auswahl an Accessoires, Schuhen und Düften. *9600 Wilshire Blvd., zw. Peck/Bedford Dr., Beverly Hills, www.saksfifthavenue.com*

KLEIDUNG & ACCESSOIRES

Anthropologie [120 A6]
Eigenwillige Mode für alle, die das Außergewöhnliche lieben. Schmuck, Dekoratives für die Wohnung und mehr. *1402 N. Third St. Promenade/Santa Monica Blvd., Santa Monica*

A/X Armani Exchange [121 D6]
Sportswear von Giorgio Armani. *2940 Main St./Pier Ave., Santa Monica, www.armaniexchange.com*

Billy Martin's [124 B2] Inside Tipp
Westernshop mit Kaminfeuer und Ledersofa im Laden. Vom Flanellhemd über handgearbeitete Silberschnallen bis zu kostbaren Cowboystiefeln. *8605 Sunset Blvd./Sunset Plaza Dr., West Hollywood, www.billymartin.com*

Button Store [124 B3]
Knöpfe: antike, neue, große, kleine. *8344 W. Third St., zw. Sweetzer/S. Orlando St., West Hollywood*

Decades [124 B3]
Lieblingsladen der Stars: Renee Zellweger, Jennifer Lopez and Nicole Kidman kaufen hier ihre *vintage*-Designer-Outfits. *8214 1/2 Melrose Ave./Harper Ave., West Hollywood*

Drea Kadilak [125 D4]
Stroh- und Filzhüte sowie Kreationen aus Federn und anderen Materialien. Wer mag, kann sich einen

Hut auf Bestellung anfertigen lassen. Außerdem Schals, Handtaschen, Schmuck. *463 S. La Brea Ave./6th St.*

John Varvatos [124 B3]
Coole Designerklamotten für sie und ihn. Mode für junge Aufsteiger und Einsteiger. *8800 Melrose Avenue/N. Robertson Blvd., West Hollywood, www.johnvarvatos.com*

LA Eyeworks [124 C3]
Brillen als Kunstobjekte – klassisch bis ausgefallen. *7407 Melrose Ave., zw. N. Martel Ave./N. Vista St., West Hollywood, www.laeyeworks.com*

Moselle [122 A3]
Phantasievolle Mode von damals und heute: handgemacht aus Samt, Seide, Baumwolle, Leinen. Passender Schmuck, Hüte und Taschen. Hier kaufen Meryl Streep, Priscilla Presley u. a. *1325 Montana Ave., zw. 14th/13th St., Santa Monica*

Niketown [123 F1]
Ein sportliches Megaerlebnis, hier können Sie sich von Kopf bis Fuß mit Schuhen, Hemden, Hosen, Baseballcaps einkleiden. *9650 Wilshire Blvd./Rodeo Dr., Beverly Hills, www.niketown.nike.com*

Re-Mix [124 B3]
Plateauschuhe, Hush Puppies, Joan-Crawford-Pumps, Schuhe von 1920 bis 1970 – alle ungetragen. Lieblingsladen von Madonna. *7605 1/2 Beverly Blvd., zw. Fairfax/La Brea Ave., West Hollywood*

KOSMETIK & FRISEURE

Beauty Supply Shops
Diese Läden bieten Haarpflegemittel und Kosmetika von Paul Mitchell, L'Oréal, Redkin, Aveda, Sebastian, Wella, Nexxus u. a. zu Niedrigpreisen an: *Melrose Beauty Center, 7419 Melrose Ave., zw. Vista St./Martel Ave., West Hollywood* [124 C3]; *Beauty Secrets, 11661 Santa Monica Blvd./Barrington, Westwood* [122 C3]; *Bay Cities, 320 Santa Monica Blvd./Third St. Promenade, Santa Monica* [120 A–B6]

Estilo [124 C3]
Starfriseure für Jodie Foster, Bruce Springsteen, David Bowie, Meg Ryan, Bette Midler oder Winona Ryder. Sie schneiden nicht nur hier im Salon, sondern auch auf TV- und Movie-Sets. *7402 Beverly Blvd./Martel Ave., West Hollywood*

Homebody [124 B3]
Hier können sich Kunden ihre eigenen Badeöle und Parfüms zusammenmixen. *8500 Melrose Ave./N. La Cienaga Blvd., West Hollywood*

shu uemura [124 B3]
Make-up-Laden für die Make-up-Artists der Stars. Japanische Pinsel aus Naturhaaren. *8606 Melrose Ave./West Knoll Dr., West Hollywood*

MUSIK

Amoeba Music [121 D3] Insider Tipp
Eine wahre Fundgrube für echte Musikliebhaber aller Stilrichtungen. Die Verkäufer geben sich die größte Mühe. Viele sind selbst Musiker. *6400 Sunset Blvd./Cahuenga, Hollywood, www.amoebamusic.com*

Opera Shop of L. A. [124 B3]
Fundgrube für Opernsänger und Tänzer/innen. Noten; Kassetten, CDs, Videos von Oper und Ballett, Schmuck, Briefpapier, T-Shirts mit

Opernthemen, Operngläser. *8384 Beverly Blvd., zw. N. Kings Rd./N. Orlando Ave., West Hollywood*

Virgin Megastore [124 B2]
★ Hier gibt es alles, was je auf Schallplatte oder CD erschienen ist. Gute Klassikabteilung. *8000 Sunset Blvd., zw. Fairfax Ave./La Cienega Blvd., West Hollywood*

NEW AGE

Bodhi Tree [124 B3]
Bücher über Philosophie, Gesundheit, Fitness, Frauenthemen, Astrologie, Religion, dazu Räucherstäbchen, Kräuterkissen, Seifen und Lotionen, Kerzen, Tarotkarten und mehr. *8585 Melrose Ave., zw. Westmount/Westbourne Dr., West Hollywood, www.bodhitree.com*

Wild Oats Market [122 A3–4]
Supermarktkette, die alles in einem ist: Reformhaus, Gesundheitsladen, Apotheke (nur homöopathische und alternative Mittel). Snackbar mit Sandwiches, Suppen und frisch gepressten Säften, Buchladen, Parfümerie. *Montana Ave./15th St. und Wilshire Blvd./5th St., Santa Monica (weitere Filialen in der Stadt)*

SCHOKOLADE

K Chocolatier [123 F1]
★ Jeden Morgen kommen die selbst gemachten Trüffel frisch in den Laden. Neben den mit Wodka-Kaviar, Cosmopolitan etc. gefüllten Leckereien hat Inhaberin Diane Krön einen Spezialcocktail aus chinesischen Kräutern erstellt – Viagra im Schokoladenmäntelchen für Frauen: *K Sensual Herbal Chocolates.* Die kleine Chocolaterie beliefert u. a. die Luxushotels und Filmstudios. *9606 Little Santa Monica Blvd., zw. Bedford/Camden Drive, Beverly Hills. www.dianekronchocolates.com*

SCHMUCK

Butler & Wilson [124 B2]
Antike und täuschend echt reproduzierte Schmuckstücke. Beliebt auch bei V. I. P.s. *8644 Sunset Blvd., Sunset Plaza, West Hollywood*

Chanel [123 F1]
Kleidung und Modeschmuck sowie Kopien der Originalentwürfe von Madame Coco aus den 1920er- und 30er-Jahren. *400 N. Rodeo Dr./ Brighton Way, Beverly Hills*

SHOPPINGCENTER & MALLS

Beverly Center [124 B3]
Einkaufszentrum mit ca. 200 Läden und Kaufhäusern wie Macy's und Bloomingdale's. *Beverly, La Cienega/ San Vicente Blvd., Third St., West Hollywood, www.beverlycenter.com*

Century City Shopping Center [123 E2]
Schönstes Center der Stadt: über 100 Geschäfte, reichlich Parkplätze. Kaufhäuser, Kinos, Buchläden, Restaurants, Boutiquen, Supermarkt – alles unter freiem Himmel. *10250 Little Santa Monica Blvd., zw. Ave. of The Stars/Century Park West*

The Grove at Farmers Market [124 C3]
★ Neben dem *Farmers Market,* der seit 1934 Kunden anlockt, ist eine kleine Einkaufsstadt entstanden, die zum Schaufensterbummel ohne Autoverkehr einlädt. Neben Cafés,

Freundliche Shopping Mall: Santa Monica Place

Restaurants, Kinos und vielen Läden zum Gucken und Kaufen gibt's viel frische Luft. *6301 W. 3rd St/ Fairfax Ave, Los Angeles (2 Std. kostenlos parken), www.thegrovela.com*

Santa Monica Place [120 B6]
Luftiges Einkaufszentrum am Ende der Third Street Promenade in Santa Monica, zwei Blocks vom Strand. Kaufhäuser, Boutiquen, Food Court. *Zw. Broadway/Colorado Ave. und 2nd/4th St.*

Third Street Promenade [120 A–B6]
Insider Tipp
Eine Seltenheit für L.A.: autofreie Zone mit Restaurants, Kinos, Boutiquen, Buchläden und Straßenkünstlern. *Third St. Promenade, www.thirdstreetpromenade.com*

Two Rodeo Drive [123 F1]
Dekadentes Einkaufsvergnügen und Kopfsteinpflaster. Einige Geschäfte öffnen nur nach Vereinbarung. *Zw. Santa Monica/Wilshire Blvd. und in den umliegenden Straßen*

SPIELZEUG

Allied Model Trains [123 E5]
★ Spielwiese für Modelleisenbahn-Fans. Unter anderem steht hier eine Nachbildung der Union Station. *4411 S. Sepulveda Blvd., zw. Braddock Dr./Barman Ave., Culver City, www.alliedmodeltrains.com*

Exoticar Model Gallery [123 F1]
Originalgetreu nachgebaute Mini-Oldtimer, Rennwagen und mehr. *9495 S. Santa Monica Blvd., zw. Rodeo/N. Camden Dr., Beverly Hills, www.exoticar.com*

Hollywood Magic Shop [120 C2]
Talmi- und Tandparadies, Karnevalskostüme, Zaubertricks. *6614 Hollywood Blvd., zw. Highland Ave./Cahuenga Blvd., Hollywood*

Wound and Wound [124 C3]
Blech- und Aufziehspielzeug, Roboter, Spieluhren, Gummitiere. *7374 Melrose Ave., zw. N. Fuller/N. Martel Ave., West Hollywood*

THE GEORGIAN HOTEL
THE GEORGIAN HOTEL

Sicher und gut schlafen

Wer sich's leisten kann, logiert in den Lieblingshotels der Stars – aber auch für den schmaleren Geldbeutel gibt's originelle Unterkünfte

Die *location* ist alles in L. A. Eine strategisch richtig gelegene Unterkunft spart nicht nur Zeit, sondern auch Geld. Wer sich am Strand erholen will, sollte nach Santa Monica und Umgebung gehen, Nachteulen steigen am besten in West Hollywood ab, und wenn der Geldbeutel nicht so prall gefüllt ist, ist Hollywood oder Downtown die richtige Adresse. Hier ist selbst das Einkaufen in den Supermärkten preiswerter als z. B. in Santa Monica. Spielt Geld keine Rolle, dann quartieren Sie sich in einer Luxusunterkunft in Beverly Hills ein. Und wenn Sie schon immer mal wissen wollten, wie es ist, hoch oben zwischen Wolkenkratzern aufzuwachen, reservieren Sie Downtown L. A.

Der neue Hotelboom hat West Hollywood zum Mekka der coolen Unterkünfte gemacht. Hier wird nicht nur übernachtet, hier steigen auch die V. I. P.-Parties, werden Starinterviews geführt, Literatursalons, Fotoshootings, Jamsessions abgehalten. Die Bediensteten werden von Castingagenturen nach ihrem Aussehen ausgesucht; die Barszene regieren die Ehemänner der Supermodels wie Cindy Crawford. Im *Chateau Marmont* in Hollywood steigen überwiegend Autoren und Schauspieler ab, im *Sunset Marquis* und im *Le Meridien* in Beverly Hills die Rocker der Musikszene; Modeleute zieht es ins *Mondrian*, MTVler ins *Avalon* nach West Hollywood. Anwälte, Medien- und Entertainmentgrößen sowie alle, denen Komfort und Privatsphäre wichtiger sind als Trendsetting, bevorzugen das *Four Seasons*, das *Peninsula* oder das *Shutters on the Beach*.

Für eine Großstadt hat Los Angeles überraschend viele Unterkünfte für unter $ 100 zu bieten – Luxus darf man dafür aber nicht erwarten. Wer sich mal verwöhnen lassen möchte, kann einen Drink in einem der teuren Hotels nehmen. Fitnesscenter und Pool kann man oft für einen Tagespreis besuchen (z. B. im *Loews* in Santa Monica, s. »Entspannen & Genießen«, S. 22).

Aufs Baden müssen Sie nicht verzichten, fast überall gibt es Pools, oft auf dem Dach mit traumhaftem Ausblick. Zur Standardausstattung eines Zimmers gehören neben Dusche oder Bad ein Fernseher, Radio, Telefon und Aircondition. Oft gibt's

Art-déco in Santa Monica: The Georgian Hotel

Exklusiver Blick von der Dachterrasse: Hotel Mondrian

eine Kaffeemaschine, auf Wunsch kann ein Nichtraucherzimmer bestellt werden. Frühstück ist in den seltensten Fällen inbegriffen. Einige Hotels bieten freien Transport vom und zum Flughafen sowie Fahrten zu den bekannten Attraktionen an. Manche haben sogar Kindergartenservice, viele ein Fitnesscenter. Auch Faxgeräte und Internetanschlüsse sind immer häufiger anzutreffen.

Bei der Reservierung sollten Sie nach *special offers* (Sonderangeboten) und *off season*-(Nebensaison-) Preisen fragen. Unter der Woche oder mit mehr als einer Übernachtung gibt's oft gute Angebote. Wenn Sie per Kreditkarte reservieren, wird Ihr Zimmer bis 18 Uhr bereitgehalten, treffen Sie später ein, sollten Sie das bei der Reservierung erwähnen. Sind Sie bereits in den USA, wählen Sie die kostenlosen 1-800-Nummern, die die meisten Hotels geschaltet haben. Auf den Übernachtungspreis werden jeweils *City-* und *State-Tax* (Kommunal- bzw. Landessteuer) aufgeschlagen, die 12 bis 17 Prozent beträgt. Check-in ist meist ab 14, check-out bis 11 Uhr. Das Zimmermädchen bekommt $ 1 Trinkgeld pro Nacht, der Gepäckträger $ 1 pro Gepäckstück.

HOTELS €€€

The Argyle [124 C2]

Unter Denkmalschutz stehendes Art-déco-Hotel aus den 1920er-Jahren mit einem der romantischsten Restaurants der Stadt, dem *Fenix*. Toller Blick auf die Stadt. *20 Zi., 44 Suiten, 8358 Sunset Blvd., zw. La Cienega/Crescent Hights, West Hollywood, Tel. 1-800-225-26 37 oder 1-323-654-71 00, Fax 1-323-654-92 87, www.argylehotel.com*

Hotel Avalon [124 A4]

Die Räume der drei Gebäude von 1949 sind hip und funktionell ein-

Insider Tipp

gerichtet. Man kann sich Tarotkarten legen lassen und im Meditationsgarten abschalten. *88 Zi., 9400 West Olympic Blvd., ein Block östl. von Beverly Dr., Beverly Hills, Tel. 1-800-535-47 15 oder 1-310-277-52 21, Fax 1-310-277-49 28, www.avalonbeverlyhills.com*

Beverly Crescent [124 A3]
Eleganz und exquisites Design nicht weit vom Rodeo Drive. Kostenlose Internetanschlüsse, DVDs, CDs, Bücher und Zeitschriften zum Ausleihen. *40 Zi., 403 N. Crescent Dr./Brighton Way, Tel. 1-310-247-05 05, Fax 1-310-247-90 53, www.crescentbh.com*

Chateau Marmont [124 C2]
★ Cool, hip, nordfranzösisches Schlossleben, einen Steinwurf entfernt vom Sunset Boulevard. Hier ließen sich schon Billy Wilder und Greta Garbo nieder. Viele Schauspieler und Drehbuchautoren. *63 Zi., Suiten und Gartenbungalows, 8221 Sunset/Laurel Canyon Blvd., Hollywood, Reservierung in Deutschland: Tel. 0130-854-278, USA: Tel. 1-800-242-83 28 oder 1-323-656-10 10, Fax 1-323-655-53 11, www.chateaumarmont.com*

L'Ermitage Hotel [123 F1]
Mel Gibson, Cindy Crawford, Isabella Rossellini sind begeistert vom Hightech-Interieur, zu dem Faxgeräte, Kopierer, Drucker etc. gehören. 124 Zimmer mit asiatischem Flair, davon 13 Luxussuiten. Nur wenige Schritte zum Rodeo Drive. *9291 Burton Way/Foothill Rd., Beverly Hills, Tel. 1-800-800-21 13 oder 1-310-278-33 44, Fax 1-310-278-82 47, www.lermitagehotel.com*

MARCO POLO Highlights »Übernachten«

★ **Channel Road Inn**
Uramerikanisches Bed & Breakfast mit Meerblick und Nachmittagstee (Seite 77)

★ **Chateau Marmont**
Nordfranzösisches Schlossleben einen Steinwurf vom Sunset Strip (Seite 75)

★ **Malibu Beach Inn**
Wellenrauschen, Kaminfeuer und Romantik pur (Seite 76)

★ **Mondrian**
Die coolste Trendherberge und die schönsten Menschen in der Sky Bar (Seite 76)

★ **Viceroy Hotel**
Boutiquehotel und Waterhole für die In-Crowd (Seite 77)

★ **The Georgian Hotel**
Art-déco in Santa Monica – Miami Beach lässt grüßen (Seite 77)

★ **Westin Bonaventure**
Hotelanlage Downtown mit atemberaubenden Fahrstühlen (Seite 78)

★ **Casa del Mar**
Italienische Renaissance direkt am Strand (Seite 76)

Los Angeles Luxushotels

Bel-Air **[128 B3]**
Das 1922 erbaute Hotel hat den Charme eines südfranzösischen Landgutes. Hier nächtigten die Rockefellers, Kennedys und Windsors. 92 Zi. und Suiten ($ 350–2500). *701 Stone Canyon Rd./Chalon Rd., Tel. 1-800-648-40 97 oder 1-310-472-12 11, Fax 1-310-476-58 90, www.hotelbelair.com*

Beverly Hills Hotel **[128 B–C3]**
Schon Gloria Swanson, Clark Gable und Marilyn Monroe liebten die Bungalows des *Pink Palace*, der, umgeben von einem tropischen Garten, über dem Sunset Boulevard thront. Eigener Butler auf Wunsch. Die *Polo Lounge* ist Treffpunkt der Powerpeople von Hollywood. 203 Zi., Suiten und Bungalows (DZ $ 310–365, Suiten $ 685–4700, Bungalows $ 365 bis 3595. *9641 Sunset Blvd., zw. N. Crescent Dr./Hartford Way, Beverly Hills, Tel. 1-800-283-88 85 oder 1-310-276-22 51, Fax 1-310-887-28 87, www.thebeverlyhillshotel.com*

Peninsula Beverly Hills **[123 E–F1]**
Französische Renaissance, Antiquitäten, Marmorboden und ein Pool mit Blick auf die Hollywood Hills. Zum Einkaufen steht ein Rolls Royce mit Chauffeur zur Verfügung. 152 Zimmer, 28 Suiten, 16 zweistöckige Villen (DZ $ 325 bis 475, Villen und Suiten $ 525 bis 3000). *9882 Little Santa Monica Blvd., zw. Lasky Dr./Charleville Blvd., Berverly Hills, Tel. 1-800-462-78 99 oder 1-310-551-28 88, Fax 1-310-788-23 19, www.peninsula.com*

Casa del Mar **[120 C6]**
Italienische Renaissance am Strand. In den 1920er-Jahren diente das Gebäude als Beach Club für Hollywoods Elite. Jetzt trifft man sich hier wieder. Unübertroffene Aussicht. 129 Zi. (ab $ 380, 3 zweistöckige Penthouses ab $ 2000). *1910 Ocean Front Walk, Santa Monica, Tel. 1-800-898-69 99, 1-310-581-55 33, Fax 1-310-581-5503, www.hotelcasadelmar.com*

Malibu Beach Inn **[O]**
Wellenrauschen wiegt Sie in den Schlaf. Hotel im Spanish Style am Strand von Malibu. Balkon, Kamin, Frühstück inklusive. *47 Zi. und Suiten, 22 878 PCH/Sweetwater Canyon Rd., Tel. 1-800–4-MALIBU, 1-310-456-64 44, Fax 1-310-456-14 99, www.malibubeachinn.com*

Le Meridien Hotel Beverly Hills **[124 B4]**
Hotel auf der Restaurantmeile vom La Cienega Boulevard. Hightech-Elektronik gepaart mit japanischer Tradition, ideal für Geschäftsleute. Extra tiefe Badewannen zum Relaxen. *302 Zi., 465 S. La Cienega Blvd./Clifton Way, Tel. 1-800-645-56 87 oder 1-310-247-04 00, Fax 1-310-247-03 15, www.lemeridienbeverlyhills.com*

Mondrian **[124 B2]**
Coolste Trendherberge im Herzen West Hollywoods – von Hotelier Ian Schrager und Designer Philippe Starck gestylt. In der Sky Bar

treffen Sie die garantiert schönsten Menschen der Welt; wer im Pool taucht, hört klassische Musik. *245 Zi., 8440 Sunset Blvd., zw. N. La Cienega/Crescent Hight Blvd., Tel. 1-800-525-80 29 oder 1-323-650-89 99, Fax 1-323-650-52 15, www.mondrianhotel.com*

Hotel Oceana [122 A4]
Filmcrews und Journalisten lieben das Art-déco-Hotel. Roomservice von Wolfgang Pucks Café, Strandblick. *63 Suiten, 849 Ocean/Montana Ave., Santa Monica, Tel. 1 800 777-07 58, 1-310-393-04 86, Fax 1-310-458-11 82, www.oceana.com*

Sunset Marquis Hotel & Villas [124 B2]
Oase im Trubel von West Hollywood, umgeben von einem riesigen Garten mit exotischen Vögeln und Koi-Teichen. Eigenes Aufnahmestudio für Musiker. In der Whiskeybar ist nachts der Bär los. Lieblingsplatz von Film- und Rockstars wie Al Pacino, Keith Richards, Uma Thurman. 104 Suiten, 12 Privatvillen, z. T. mit Flügel, Sauna, Kamin und persönlichem Butler. *1200 N. Alta Loma Rd., zw. Santa Monica/Sunset Blvd., Tel. 1-800-858-97 58 oder 1-310-657-13 33, Fax 1-310-652-53 00, www.sunsetmarquishotel.com*

Insider Tipp

Viceroy Hotel [120 C6]
★ Neues Boutiquehotel, nur einen Katzensprung vom Wellenrauschen und ein paar Blocks von Downtown Santa Monica. Vintage-Möbel, Nachgemachtes und neu Entworfenes: einladend, hip. *168 Zi., 1819 Ocean Ave./Pico Blvd., Santa Monica, Tel. 1-310-451-8711, Fax 1-310-394-66 57, 1-800-622-87 11, www.viceroysantamonica.com*

HOTELS €€

Best Western Sunset Plaza Hotel [124 B2]
Mitten auf dem Sunset Strip, 100 Zimmer, einige mit Küche. *8400 Sunset Blvd., West Hollywood, Tel. 1-800-421-36 52 oder 1-323-654-07 50, Fax 1-323-650-61 46, www.los-angeles-lax.com/05377.html*

Channel Road Inn [128 A3]
★ Eins der besten B&Bs der Westküste, einen Block vom Strand in Santa Monica. Uramerikanisch mit Amish Quilts, Daunenbetten. Frühstück, Nachmittagstee, Wein und Häppchen sowie Fahrräder inklusive. Veranda, Meerblick, Kamin. *14 Zi. und Suiten, 219 W. Channel Rd., Tel. 1-310-459-19 20, Fax 1-310-454-99 20, www.channelroadinn.com*

The Georgian Hotel [120 B6]
★ Art-déco-Miami-Beach-Hotel in Santa Monica mit herrlicher Aussicht. *84 Zi. und Suiten, 1415 Ocean Ave., zw. Santa Monica Blvd./Broadway, Tel. 1-800-538-81 47, 1-310-395-99 45, Fax 1-310-451-33 74, wwwgeorgianhotel.com*

Hilton Checkers Hotel [118 C4]
L.A.'s einziges Viersterne- und *Four Diamond*-Hotel. 1927 erbaut, heute ein Kulturdenkmal. Dachgarten, Whirlpool, extrabreite Betten, Marmorbäder, freier Limousineservice für Ziele im Umkreis von 3,5 km. Nachmittagstee in der getäfelten Bibliothek, hervorragendes Restaurant. Preiswerte Internetangebote. *188 Zi. und Suiten, 535 S. Grand Ave., zw. W. 6th/W. 5th St. Downtown, Tel. 1-800-423-57 98 oder 1-213-624-00 00, Fax 1-213-626-99 06, www.hiltoncheckers.com*

The Hotel California [120 B6]
Der Strand in Sehweite, wenige Schritte vom Santa Monica Pier, der Third Street Promenade, von Shoppingcenter und Restaurants. *20 Zi., 1670 Ocean Ave., südl. von Colorado Ave., Tel. 1-866-571-00 00 (gebührenfrei), 1-310-393-23 63, Fax 1-310-393-10 63, www.hotelca.com*

Maison 140 [124 A4]
Intimes Boutiquehotel beim Rodeo Drive. Asiatisches Interieur in Rot und Schwarz. *44 Zi., 140 S. Lasky/Durant Dr., Beverly Hills, Tel. 1-310-281-40 00, Fax 1-310-281-40 01, 1-800-432-54 44, www.maison140. com*

Le Montrose Suite Hotel [124 B2]
Kostbare Kunstsammlung, 132 Luxussuiten mit Kamin, Küche, Fax. *900 Hammond St./Cynthia St., West Hollywood, Tel. 1-800-776-06 66, 1-310-855-11 15, Fax 1-310-657-91 92, www.lemontrose.com*

New Otani Hotel and Garden [119 E4]
Betonturm mit 21 Etagen. Futons und Tatami-Matten zum Schlafen, japanischer Teegarten auf dem Dach. Shiatsu, Sushi und Bonsai als Willkommensgeschenk. *434 Zi., 20 Suiten, 120 S. Los Angeles/1st St., Little Tokyo, Tel. 1-800-421-87 95, in Kalifornien: Tel. 1-800-273-22 94 oder 1-213-629-12 00, Fax 1-213-622-09 80, www.newotani.com*

Regal Biltmore Hotel [118 C4]
Beaux-Arts-Bau von 1923 von den Architekten Shultze und Weaver, die auch das Waldorf Astoria in New York entworfen haben. Die Lobby wirkt wie ein spanischer Palast, der überdachte Pool wie ein römisches Bad. Im prachtvollen *Rendezvous Court* wird Nachmittagstee serviert. In den 1930er-Jahren Ort der Oscar-Verleihung. Hier wurden »The Fabulous Baker Boys« mit Michelle Pfeiffer und »Independence Day« gedreht. Preiswerte Internetangebote. *627 Zi., 56 Suiten, 506 S. Grand Ave./W. 5th St., Downtown, Tel. 1-800-245-86 73, Fax 1-213-612-15 45, www.thebiltmore.com*

The Secret Garden B&B [124 C2]
Pinkfarbene Villa von 1923 in den Hollywood Hills, unweit vom Chateau Marmont und Sunset Strip. Gourmetfrühstück, Nachmittagstee, Wein und Käse inklusive. *5 Zi., 8039 Selma Ave./Laurel Canyon, Tel. 1-323-656-38 88, Fax 1-323-656-99 92, 1-877-732-47 36 (gebührenfrei), www.secretgardenbnb.com*

Venice Beach Suites [121 F6]
Mitten im verrückten Trubel von Venice Beach. 2000 renoviert. 27 Suiten. *1305 Ocean Front Walk/Westminster, Venice, Tel. 1-310-396-45 59, Fax 1-310-396-39 89, www.venicebeachsuites.com*

Westin Bonaventure [118 C4]
★ Fünf Glastürme mit je 35 Etagen. Mammutanlage mit 30 Geschäften und Restaurants. Das *Top of Five*-Restaurant bietet ein 360-Grad-Panorama. *1523 Zi. und Suiten, 404 S. Figueroa St., zw. 4th/5th St., Downtown, Tel. 1-800-WESTIN-1, 1-213-624-10 00, Fax 1-213-612-48 00, www.westin.com*

Wyndham Bel Age [124 B2]
Luxus, Kronleuchter, Marmor, Kunst, Dachgarten, erstklassige Jazzabende. *200 Suiten mit Balkon, 1020 N. San Vicente Blvd., südl.*

Technisch-cool – die gigantische Lobby im Hotel Westin Bonaventure

vom Sunset Blvd., Tel. 1-800-996-34 26 oder 1-310-854-11 11, Fax 1-310-854-09 26, www.wyndham.com

HOTELS €

Banana Bungalow Hollywood **[121 D1]**

Hotel und *Hostel.* Schlafsäle mit je vier Betten (nur für Ausländer, ab $ 15), Gemeinschaftsküche, Internetanschluss, Pool, Bustransfer. Im Restaurant kann man für $ 4 zu Abend essen. *18 private Zi. ($ 45), 24 »Dorms« in Bungalows, 7950 Melrose Ave./Highworth, Hollywood, Tel. 1-800-4-HOSTEL oder 1-323-655-15 10, Fax 1-323-655-95 10, www.bananabungalow.com*

Bayside Hotel **[120 C6]**

Bescheidene Räumlichkeiten, aber nah am Strand und wenige Blocks von der Third Street Promenade. Einige Räume mit Küche, alle mit Kaffeemaschinen. Nach Zimmer mit Aircondition fragen. *45 Zi., 2001 Ocean Ave./Bicknell Ave., Santa Monica, Tel. 1-310-396-60 00 oder 1-800-525-44 47, Fax 310/396-10 00, www.baysidehotel.com*

Best Western Marina Pacific Hotel and Suites **[121 F6]**

Nichtraucherhotel am Venice Boardwalk. Einige Zimmer mit Balkon zum Strand. *57 Zi., 35 Suiten, 1697 Pacific Ave./17th Place, Venice, Tel. 1-310-452-11 11 oder 1-800-786-77 89, Fax 1-310-452-54 79, www.bestwestern.com*

Beverly Laurel Motor Hotel **[124 C3]**

Seit über 40 Jahren Familienbetrieb. Sauber, geräumige Zimmer, Pool. Der *Swingers Coffee Shop* ist beliebt bei Schauspielern, Models und Musikern. *52 Zi., 8018 Beverly Blvd./Laurel Blvd., West Hollywood, Tel. 1-323-651-24 41, 1-800-962-38 24, Fax 1-323-651-52 25*

Zentral, preiswert: Hotel Stillwell

Hotel Carmel [120 B6]
Schlichte Räume, einige mit Meerblick. Frühstück nebenan im *Interactive Café* inbegriffen; Third Street Promenade um die Ecke. *96 Zi., 8 Suiten, 201 Broadway/2nd Street, Santa Monica, Tel. 1-310-451-24 69, 1-800-445-86 95, Fax 310-393-41 80, www.hotelcarmel.com*

Casa Malibu Inn on the Beach [O]
Insider Tipp Motel mit Palmengarten und Privatstrand. Einige Zimmer mit Meerblick haben Balkone überm Strand. *21 Zi. und Suiten, 22752 Pacific Coast Highway, südl. vom Malibu Pier, Tel. 1-800-831-08 58 oder 1-310-456-22 19, Fax 1-310-456-54 18, www.locationsite.de*

The Grafton on Sunset [124 B2]
Intimes europäisches Hotel, nur wenige Gehminuten vom trendigen Sunset Strip. Einige Luxussuiten haben Balkon und Küche. *108 Zi. und Suiten, 8462 Sunset Blvd./N. La Cienega Blvd., Tel. 1-800-821-36 60, 1-323-654-46 00, Fax 1-323-654-59 18, www.graftononsunst.com*

Hollywood Hills' Magic Hotel [125 D2]
Fünf Minuten von Universal City, ein Block zum *Mann's Chinese Theatre*. Ideal für Familien und längere Aufenthalte. *40 Zi. und Suiten, 7025 Franklin Ave., zw. La Brea/Highland Ave., Tel. 1-800-741-4915 oder 1-323-851-08 00, Fax 1-323-874-52 46, www.magichotel.com*

Highland Gardens Hotel [125 D5]
Ehemals *Hollywood Landmark Hotel*, Absteige von Rocklegenden wie Janis Joplin oder Jefferson Airplane. Große Räume, Pool in tropischem Garten. Walk of Fame um die Ecke. Nichtraucherhotel. *70 Zi., 48 Suiten, 7047 Franklin Ave./Sycamore Ave., Hollywood, Tel. 1-323-850-05 36 oder 1-800-404-54 72, Fax 323/850-17 12, www.highlandgardenshotel.com*

Hostelling International [120 B6]
Neuestes Hostel an der Westküste: ideal für Reisende mit kleinem Geldbeutel. Third Street Promenade und Meer zu Fuß erreichbar. Eine automatische Ansage gibt Tipps, wie Sie vom LAX, der Greyhound Station und der Union Station nach Santa Monica kommen und wie teuer es ist. 200 Betten ab $ 27 und 7 Doppelzimmer à $ 64 (Pass vorzeigen). *1436 Second St., zw. Broadway/Santa Monica Blvd., Tel. 1-800-909-47 76 oder 1-310-393-99 13, Fax 1-310-393-17 69, www.hiayh.org/reservations/ebeds.htm*

Orange Drive Manor Hostel [120 A1]
Ehemaliges Hollywood-Landhaus, zur Jugenderberge umfunktioniert. Große Räume, Gemeinschaftsküche. Airport Shuttle. *25 Zi., Bett ab $ 20, Zi. ab $ 46, 1764 N. Orange Dr./Hollywood Blvd. Hollywood, Tel. 1-323-850-03 50, Fax 1-323-969-81 64, orangedrivehostel.com*

Insider Tipp
Hotel Standard Downtown L. A. [118 C4]
André Balazs, Herr über In-Hotels wie das *Mercer* in New York und das *Chateau Marmont* in Hollywood, hat hier ein Designjuwel hingesetzt. Die Bar auf der Dachterrasse, umgeben von Wolkenkratzern, ist der coolste Hang-out in Downtown. *205 Zi., 2 Suiten, 550 S. Flower St., Los Angeles, Tel. 1-213-892-80 80, Fax 1-213-892-86 86, www.standardhotel.com*

Stillwell [118 C5]
Schlicht und einfach, zum Niedrigpreis *(EZ ab $ 49, DZ ab $ 59)*; nicht weit vom Music Center, vom MOCA und der Union Station. *250 Zi., 838 S. Grand Ave., zw. 8th/9th St., Downtown, Tel. 1-800-553-47 74 oder 1-213-627-11 51, Fax 1-213-622-89 40, www.stillwellhotel.com*

Valadon Hotel [124 B3]
Suiten mit Kamin, Bügelbrett und -eisen, Balkon und Küche. Old-European-Charme am Fuße der Berge in West Hollywood, mit Pool auf dem Dach. *83 Suiten, 8822 Cynthia St./Larrabee St., West Hollywood, Tel. 1-800-835-79 97 oder 1-310-854-11 14, Fax 1-310-657-26 23, www.lerevehotel.com*

Your Stay Wilshire Apartments Beverly Hills [124 C4]
Ein- und Zweizimmer-Apartments mit Mittelmeerfeeling – Palmen und Pool. Kamin, Küche, Balkon, TV. Nicht weit von The Grove, LACMA, Hollywood. *80 Suiten, 348 S. Hauser/Wilshire Blvd. im Palazzo East Building, Beverly Hills, Tel. 1-800-276-74 15 oder von Europa aus 00-800-1610-16 20, www.yourstay.com*

Intimer wohnen

Der neueste Trend sind Boutiquehotels

Designerin Kelly Waerstler und ihr Mann, der Hotelier Brad Korzen, haben sich auf *Boutiquehotels* spezialisiert. Sie kaufen alte Häuser auf und verwandeln sie aufwändig in hippe Designpaläste, Anziehungspunkte für Fotografen, Models, Stars und andere Trendsetter. Das Interieur ist einzigartig und – nicht unbedingt eine Selbstverständlichkeit – auch funktionell. Zu ihren Boutiquehotels in L. A. gehören das *Avalon* und *Maison 140* in Beverly Hills sowie das neue *Viceroy* in Santa Monica. Der Unterschied zu anderen Hotels: Sie sind kleiner und persönlicher. Der Service ist individueller, der Gast lernt das Personal kennen und umgekehrt. Gemeinsamer Nenner ist der Schwerpunkt Design.

Cafe 50's
LUNCH
DINNER
Cafe 50's
SHORT ORDERS
OPEN
PAY HERE
SODAS

Spaß nach Sonnenuntergang

Bars und Diskos, Musik- und Comedyclubs, Theater und Kino – hier haben Nachtschwärmer freie Wahl

In L. A. können Sie in rauchfreier Atmosphäre die Hüften schwingen und den Barbesuch ohne blauen Dunst genießen. Obwohl dem Nachtleben nach Einführung des Nichtrauchergesetzes das Aus prophezeit wurde, vergeht weiterhin kein Abend, an dem nicht irgendwo der Bär los ist – vor allem in Hollywood und West Hollywood, wo viele Schauspieler, Models und Fotografen leben. Das bedeutet jedoch nicht unbedingt, dass Sie die bekannten Gesichter auch zu sehen bekommen. Viele Clubs haben separate *V. I. P. Rooms*, die nur besonderen Gästen offen stehen. Um 2 Uhr ist fast überall Schluss. Danach ist Alkoholausschank verboten.

Man besucht L. A. nicht unbedingt der Oper, des Balletts oder Theaters wegen, dennoch gibt es hervorragende Vorstellungen und Weltpremieren, und die Auswahl ist groß. L. A. hat über 1000 *Performing Arts Companies* – New York »nur« 815. Das Los Angeles Philharmonic Orchestra, derzeit unter der Leitung des Finnen Esa-Pekka Salonen, ist eines der besten der Welt. Und viele Leinwandstars, wie

Lichter der Großstadt: stimmungsvolle Straßenszene bei Nacht

Straßenmusiker am Venice Beach

Al Pacino oder Annette Benning, legen ab und zu eine Filmpause ein, um Theater zu spielen. Im Sommer gibt es überall Openairveranstaltungen. Viele Bars und Clubs vermieten ihre Räumlichkeiten an Discjockeys, die ihre Fangemeinde mitbringen, oder an Partyveranstalter, die sich immer wieder neue Themen einfallen lassen und bestimmte Musikrichtungen propagieren. Was wo stattfindet, steht in der Zeitung. Eingeweihte holen sich Flugblätter mit den neuesten Infos in den Shops der Melrose Avenue. Diese Insidertipps stehen selten in der Zeitung. Die Eintrittspreise betragen je nach Show um $ 20, geöffnet ist meist ab etwa 21 Uhr.

Wenn Sie einfach nur bummeln wollen, ist die *Third Street Promenade* in Santa Monica der rechte

Disneys Premierenkino El Capitán in Hollywood

Ort. An Wochenenden gaukeln Straßenkünstler mit Musik, akrobatischen Kunststücken und Zaubertricks bis spät in die Nacht vor applaudierendem Publikum.

Informationen, was wann und wo stattfindet, entnehmen Sie der »L. A. Times« *(www.calendarlife.com)*, »L. A. Weekly« *(www.laweekly.com)* oder dem »Los Angeles Magazine« *(www.losangelesmagazine.com, www.wherela.com)*. Karten für Theatervorstellungen, Ballettaufführungen, Konzerte oder sportliche Veranstaltungen können Sie z. B. bei *Ticketmaster (Tel. 1-213-480-32 32, www.ticketmaster.com)* bestellen. Theatertickets zum halben Preis: *www.theatrela.org*

BARS

Es gibt Bars in Restaurants, Bars, in denen Musikgruppen auftreten und wo Sie ebenfalls dinieren können, Hotelbars, in denen Sie tanzen können, und *Sportsbars*, die unseren Kneipen entsprechen, wo sich Football- und Baseballfans nach Feierabend auf Bier und Snacks treffen und die Spiele auf überdimensionalen Bildschirmen verfolgen oder sich bei einer Partie Poolbillard die Zeit vertreiben. Viele Bars haben *Happy Hours* (zu unterschiedlichen Zeiten), dann gibt's alle Getränke zum halben Preis.

Barfly [124 B2]

Sehen und gesehen werden ist hier alles: Singlemarkt der Eitelkeiten. Sushibar. *Do–Sa, 8730 W Sunset, drei Blocks westl. von La Cienega Blvd., West Hollywood*

Barney's Beanery [124 B2]

Seit 1920 beliebt bei Schauspielern und Musikern (Janis Joplin und Jim Morrison traten hier auf). Es gibt 140 verschiedene Hamburger, über über 200 verschiedene Biere. Tanz, Sport-TV, Karaoke, Poolbillard, Videospiele. Kein Einlass für Minderjährige, deshalb Ausweis mitbringen! *Eintritt frei, tgl. 10–2 Uhr, 8447 Santa Monica/La Cienega Blvd., West Hollywood*

Chez Jay **[120 B6]**
Ambiente wie im Fischerboot. Mit Bullaugen, ausgestopftem Thunfisch über der Bar, Sägespänen auf dem Fußboden; Musikbox und gemütliche Atmosphäre. *Tgl. 12–1, Dinner 18–22 Uhr (reservieren), 1657 Ocean Ave. zw. Colorado und Pico Blvd., Santa Monica, Tel. 310-395-17 41*

HMS Bounty **[125 F4]**
Mal out und dann wieder in hat die Traditionsbar alle Moden überlebt. Der etwas vernachlässigte Käptn's-Salon hat eine Music Box, die umsonst spielt. In den ledergepolsterten Nischen saß schon Winston Churchill. *3357 Wilshire Blvd., zw. Normandie/Vermont St., Hollywood*

Lava Lounge **[120 A3]**
Reif für die Insel? Gemütliche Nischen mit sanfter Beleuchtung, die Drinks kommen mit Papierschirmchen. Retro-Musik und Live-Chansons – aber nicht vor 22.30 Uhr. *Tgl. 21–2 Uhr, 1533 N. La Brea Ave./Sunset Blvd., Hollywood*

Lounge 217 **[120 B6]**
Plüsch und Art déco, gute Martinis und klassische Gitarrenmusik live (Mo), Cigar Bar und Chansons (Do), Jazz vom Band (Di). *Tgl. 21–2 Uhr, 217 Broadway/Third St. Promenade, Santa Monica*

Rainbow Bar & Grill **[124 B2]**
Musik aus den Siebzigerjahren, coole Typen wie Lemmy von Motörhead oder Ozzy und Sharon Osborne. Pizza aus dem Ofen. *9015 Sunset Blvd./südl. V. Doheney Drive, West Hollywood*

MARCO POLO Highlights »Am Abend«

★ **Catalina Bar & Grill**
Supper Club für echte Jazzfreunde (Seite 88)

★ **El Capitán**
Früher wie heute Ort für Filmpremieren (Seite 89)

★ **Key Club**
Das ehemalige Billboard Live ist die Nummer eins für Livemusik (Seite 87)

★ **Dorothy Chandler Pavilion**
Zentrum der hochkarätigen Klassik- und Opernszene (Seite 89)

★ **Santa Monica Pier Twilight Dance Series**
Tanzmusik am Ende des Piers (Seite 91)

★ **The Conga Room**
Salsa, Samba, Swing – auf einer riesigen Tanzfläche (Seite 86)

★ **Hollywood Bowl**
Seit 1922 werden Sommerkonzerte gegeben (Seite 91)

★ **J. Sloans**
Klassischer amerikanischer Saloon von 1919 (Seite 86)

Der Film zum Buch

Klassiker der Literatur über L. A., die auch in Hollywood verfilmt wurden

Scott Fitzgeralds *The Last Tycoon* (1941) über den MGM-Studioboss Irving Thalberg und das Goldene Zeitalter in Hollywood wurde 1977 mit Robert DeNiro und Jack Nicholson verfilmt. Nathanael Wests *Day of the Locust* (1939), die Satire über einen jungen Künstler, der auf der Suche nach Ruhm in der Welt der zerbrochenen Träume landet, kam 1975 mit Donald Sutherland auf die Leinwand. Raymond Chandlers Roman *The Big Sleep* (1939), der erste von vielen Krimis mit dem zynischen Privatdetektiv Philip Marlowe, wurde in der Verfilmung mit Humphrey Bogart und Lauren Bacall (1946) zum Kult. James Ellroys *L. A. Confidential* (1990) lieferte die Vorlage zu einem Film Noir über L. A. in den 50er-Jahren: Russell Crowe gab 1997 den coolen Cop, Kim Basinger die verführerische Blondine. Charles Bukowski schildert in *Barfly* (1985) das zwielichtige Leben eines alkoholabhängigen Schriftstellers. 1987 spielte Mickey Rourke die Hauptrolle in der Verfilmung.

Sky Bar at The Mondrian [124 B2]

Der Eintritt in dieses Hollywood-Heiligtum oben auf dem *Hotel Mondrian* kommt einem Gewinn in der Lotterie gleich. Reservierungen kann der normal Sterbliche vergessen, es sei denn, er wohnt im Hotel. Ein Trick: Kommen Sie vor 21 Uhr und gehen Sie durchs Hotel in die Bar. *8440 Sunset Blvd., ein Block östl. von La Cienega Blvd.*

J. Sloans [124 B3]

★ Amerikanischer Saloon von 1919. Poolbillard, Flipper, Videospiele, Dart, Tanz, Karaoke. Auf den Bildschirmen laufen Sportübertragungen. Kneipenessen, Bier vom Fass. *Mo–Fr 17–2, Sa/So ab 11.30 Uhr, 8623 Melrose/Huntley Ave., beim Pacific Design Center, West Hollywood*

360° [121 E3]

Penthousebar und -restaurant mit 360-Grad-Rundblick, u. a. auf das Hollywood Sign; House Music, Hip-Hop, Funk. *Tgl. 18–2 Uhr, 6290 Sunset Blvd./Vine St., Hollywood*

CLUBS & DISKOS

The Conga Room [124 C4]

★ Salsa, Samba, Swing: Südamerika lässt grüßen. Die Kleider der *señoritas* sind hauteng und zeigen mehr als sie verhüllen, die *señores* tanzen bei Livemusik, als gebe es kein Morgen. *Nur Do–Sa, 5364 Wilshire Blvd., westl. von La Brea Blvd., Hollywood, www.congaroom.com*

Doug Weston's Troubador [124 B3]

Jim Morrison und Jimi Hendrix wurden hier entdeckt, ebenso die

Byrds, die Eagles, Jackson Browne und Kris Kristofferson. Elton John hatte hier seine US-Premiere. *Tgl. 20–2 Uhr, 9081 Santa Monica Blvd./Doheny, West Hollywood*

Dragonfly **[125 D2]**
Livemusik, Shows und Tanz in mehreren Räumen. *6510 Santa Monica Blvd./Wilcox Ave., Hollywood*

The Dresden Room **[125 F2]**
Hier wurde der Film »Swingers« gedreht. Die Martinis sind großartig. Loungemusik, Showtunes live. *So geschl., 1760 N. Vermont, zw. Hollywood Blvd./Franklin St., Los Felíz*

14 Below **[122 B4]**
Im Herzen von Santa Monica. Bier, Pooltische, Tanzfläche, Bar und Happy Hour von 17–19 Uhr. *348 14th St./zw. Wilshire and Broadway, www.14below.com*

Gotham Hall **[120 B6]**
California Nightlife vom Besten. Täglich Dinner, Billard, DJs mit den neuesten Scheiben, Tanz; vorsichtshalber reservieren! *1431 Third St. Promenade, zw. Broadway/Santa Monica Blvd., Santa Monica*

Key Club **[124 A–B2]**
★ Das ehemalige *Billboard Live* ist die Nummer eins für Livemusik. V.I.P.-Lounge und Galerie. Sonntags verteilen Kosmetikfirmen Proben und und bieten freie Make-over an. *Mi–Mo 9–2 Uhr, 9039 Sunset Blvd./Doheny, West Hollywood*

The Palace **[121 E1]**
Alter Hollywood-Tanzclub mit Livemusik; Nirvana und die Smashing Pumpkins traten hier schon auf. Top Rock, Pop, R&B und Jazz. Die DJs spielen Retro und Tanzmusik. Drinks, Essen, V. I. P. Lounge. *Do–Sa, 1735 N. Vine St., gegenüber vom Capitol Records Tower, Hollywood*

The Roxy **[124 B2]**
Wer hier spielt, wird nicht selten entdeckt und berühmt – wie Van Halen, Bruce Springsteen, Bob Marley u. a. Und wer's geschafft hat, kommt gern zurück. *9009 Sunset Blvd., östl. von Doheny, West Hollywood*

Temple Bar **[120 A5]**
Kerzenschein und Hip-Hop, Soul, Reggae und mehr. *1026 Wilshire Blvd./10th St., Santa Monica, www.templebarlive.com*

Das Roxy in West Hollywood

Viper Room [124 B2]
Johnny Depps Club gehörte einst dem berühmten Mobster Bugsy Siegel. Viele *celebrities*, Kameras verboten! *8852 Sunset Blvd., Eingang Larabee St., West Hollywood*

The West End [120 A5]
Hip-Hop, Reggae, Soul. Tolle Tanznächte mit Überraschungsgästen am späten Montagabend. *1301 5th St./Arizona Ave., Santa Monica*

Whisky A Go-Go [124 B2]
Viele Musiker von den Doors bis Guns'n' Roses hatten hier ihre erste Chance. Montags Bands aus der Umgebung und freier Eintritt. Leichte Küche. *8901 Sunset/San Vicente Blvd., West Hollywood*

COMEDY CLUBS

Die Stand-up Comedy Clubs haben viele berühmte Stars hervorgebracht: u. a. Whoopi Goldberg, Robin Williams, Bette Midler und den Night-Show-Moderator Jay Leno.

The Improv [124 C3]
8162 Melrose Ave./Crescent Hight, West Hollywood, Tel. 1-323-651-25 83

Laugh Factory [124 C2]
8001 Sunset Blvd./2 Blocks westl. von Fairfax Ave., West Hollywood, Tel. 1-323-656-13 36

JAZZ, BLUES & ROCK

The Baked Potato [121 E3]
Ableger des bekannten Jazzclubs in North Hollywood, aber größer und mit einem besseren Soundsystem. *Tgl. 21 und 23.30 Uhr, 6266-1/2 Sunset Blvd./Vine St., Hollywood*

B. B. King's Blues Club [128 C2]
Bei B. B. spielen die besten Jazzer. Die Küche ist *southern style*: fett, scharf, lecker. *Universal City Walk, 1000 Universal Center Dr., Universal City*

Catalina Bar & Grill [120 B3]
★ Für echte Jazzfans: Supperclub aus der guten alten Hollywood-Zeit. Branford Marsalis, Tony Williams, McCoy Tyner und Freddy Hubbard spielen hier regelmäßig. Es gibt zwei Sets *(Mo–Sa 20.30 und 22.30, So 19 und 21 Uhr). 6725 Sunset Blvd./östl. N. Highland Ave., Hollywood, Tel. 1-323-466-22 10*

Harvelle's [120 B5]
Winzige Bühne, große Show. Liveblues und R&B. *So–Do 20–2 Uhr, 1432 4th St., Broadway/Santa Monica Blvd., Santa Monica*

Hollywood Palladium [125 D2]
Treffpunkt für Rockgruppen wie Hole, Red Hot Chili Peppers u. a. Scharfe Sicherheitsvorkehrungen, weil es viele Ausschreitungen gegeben hat. *6215 Sunset Blvd./Argyle St., Hollywood*

House of Blues [124 B2]
Steve Winwood, Al DiMeola, Mick Jagger sollen schon mal auf einen Sprung vorbeigekommen sein und mitgespielt haben. Livemusik oft bis 2 Uhr nachts. *8430 Sunset Blvd., ein Block östl. von La Cienega Blvd., West Hollywood, www.hob.com*

Jazz Bakery [124 B6]
Jazz für Puristen, ohne Show und Dinner, auf harten Stühlen. Man kommt eben wegen der Musik. *3233 Helms Ave./Venice Blvd., Culver City*

Wiltern Theatre **[125 E4]**
Historisches grünes Art-déco-Meisterstück von 1930. Einst Heimat der Los Angeles Opera, finden hier heute auch Rock- und Popkonzerte und Ballettaufführungen statt. *Tel. 1-213-380-50 05, 3790 Wilshire Blvd./Western Ave., Hollywood*

KINOS

El Capitán **[120 B2]**
★ Die erste Weltpremiere war 1941 »Citizen Kane«. Jetzt ist das restaurierte Art-déco-Theater das Hauskino des Disney-Konzerns, der hier seine Filmpremieren zeigt, oft von Liveshows auf der Bühne begleitet. *6838 Hollywood Blvd., zw. N. Highland/N. Orange Dr., Hollywood, www.elcapitantickets.com*

The Egyptian Theatre **[120 C2]**
Nach aufwändiger Restaurierung, erstrahlt Hollywoods erster Filmpalast von 1922 heute in neuem Glanz. Das Design, stilecht mit Sphinx, Pharao, Hieroglyphen und Kobras, war damals von der Grabstätte Tutanchamuns inspiriert, die kurz zuvor entdeckt worden war. Hier werden Hollywood-Klassiker gezeigt. *6712 Hollywood Blvd., zw. N. Las Palmas Ave./N. McCadden Place, www.egyptiantheatre.com*

KONZERTHALLEN

Dorothy Chandler Pavilion **[119 D3]**
★ Teil des Los Angeles Music Center, zu dem auch die L. A. Opera gehört, und zusammen mit der Hollywood Bowl Zentrum der Klassikszene. 3200 Plätze. Von September bis Juni Opernaufführungen und klassische Konzerte mit Künstlern von Weltrang und bis 2002 Ort der Oscar-Verleihung. *Tel. 1-213-972-72 11, 135 N. Grand Ave., zw. W. 1st/W. Temple St., Downtown, www.laphil.org*

Ein Garant für gute Live-acts ist das House of Blues

Japanese American Theater [119 E4]
Das Theater liegt im Innenhof des Japanese American Cultural and Community Center (JACCC): von traditioneller japanischer Musik, Tanz und Theater bis zu neuen, modernen Musikkreationen für Orchester, Kammer- und Ensemblemusik der Los Angeles Philharmonic New Music Group. *369 First St., Little Tokyo, www.jam.org*

Shrine Auditorium [126 A6]
Das 1926 vom Al Malaikah Temple, einer religiösen Vereinigung, erbaute Auditorium ist weltbekannt, weil hier die jährliche Verleihung für die Grammys und die American Music Awards stattfanden. Hier steht die größte Theaterorgel der Welt, die Moehler Pipe Organ. *665 W. Jefferson Blvd./Figueroa St.*

OFF-THEATER

In den ca. 200 Off- und Off-Off-Broadway-Theatern von Los Angeles finden u. a. experimentelle Aufführungen statt, und obwohl die Gagen niedrig sind, treten viele bekannte Stars aus Film und Fernsehen auf.

Odyssey Theatre Ensemble [123 D3]
Seit 1969 hält sich die bekannteste der kleinen Bühnen über Wasser. *2055 S. Sepulveda Blvd., ein Block nördl. des Olympic Blvd., West Los Angeles, www.odysseytheatre.com*

OPEN AIR

California Plaza [119 D4]
In einem Garten mit Springbrunnen können Sie, umgeben von Wolkenkratzern, berühmten Bands und Or-

Verblichene Pracht

Alte Filmtheater zeugen von einstigem Glanz

Als verblasste Schönheiten zeugen etliche alte Filmtheater von einer glamourösen Vergangenheit – Kinofans sollten sich diese melancholischen Überreste einer großen Zeit nicht entgehen lassen: Das *Million Dollar Theatre (307 S. Broadway/W. Third St.)* wurde 1918 in spanischem Barockstil und mit feudalem Interieur erbaut. Das *United Artists* von 1927, eine Mischung aus Kathedrale und spanischer Gotik *(933 S. Broadway, zw. Olympic/W. Ninth St.)*, wurde von den Stummfilmstars Mary Pickford, Douglas Fairbanks und Charlie Chaplin finanziert. Eins der schönsten Theater der Stadt ist das barocke *Los Angeles Theatre (615 S. Broadway/W. 6th St.)* von S. Charles Lee. Hier wurde Charlie Chaplins Film »City Lights« (»Lichter der Großstadt«) uraufgeführt. Später diente das Theater selbst als Filmkulisse – u. a. wurde hier der Film »Batman Forever« gedreht. Im *Orpheum (842 S. Broadway)* steht die große Wurlitzerorgel, auf der noch gespielt wird (alle zwischen *Third St. und Olympic Blvd.)*.

chestern zuhören und auf einer Tanzfläche das Tanzbein schwingen. Das Vergnügen ist kostenlos. *Infos: Tel. 1-213-687-21 59, 350 S. Grand Ave./Olive St., Downtown*

Greek Theatre [125 F1]
Mai bis Oktober spielen hier die heißesten Gruppen, bevor sie auf Tournee gehen. Hier trifft man sich zum Picknick; Essen und Getränke können Sie mitbringen oder vor Ort kaufen. *2700 N. Vermont Ave., nördl. vom Los Feliz Blvd., Los Angeles, www.greektheatre.com*

Hollywood Bowl [125 D1]
★ Auf einer Wanderung durch den Cahuenga-Pass war H. Ellis Reed vom klaren Klang seiner Worte so überwältigt, dass er hier ein Amphitheater erbauen ließ. Mit dem Stück »Julius Caesar« mit Tyrone Power Sr. und Douglas Fairbanks wurde die Bowl 1916 eingeweiht. Seit 1922 werden Sommerkonzerte gegeben, zu denen die Angelenos in Scharen kommen. Klassische Konzerte (Sommersitz des L. A. Philharmonic Orchestra), Opern, Jazz, Mariachi und Pop locken jeweils bis zu 30 000 Zuschauer an. Viele bringen ihre Picknickkörbe mit, und wenn Insider Tipp am 4. Juli Feuerwerk die Bühne erleuchtet, knallen in den Zuschauerreihen die Champagnerkorken. *Di, Do, Fr 9.30–12 Uhr öffentliche Proben (Eintritt frei). 2301 Highland Ave./Cahuenga Blvd., Hollywood, www.hollywoodbowl.com*

Los Angeles County Museum of Art [124 C4]
Auf der Museum Plaza finden jeden Freitagabend von 17.30 bis 20.30 Uhr Insider Tipp kostenlose Jazzperformances statt. Für Freunde der Kammermusik: Vorstellungen Sonntag 16 bis 17 Uhr im *Bing Theatre. 5905 Wilshire Blvd., östl. von Fairfax Ave., L. A., www.lacma.org*

Museum of Contemporary Art (MOCA) [119 D3]
Jeden Donnerstag von 17 bis 20 Uhr Jazz. Eintritt (auch fürs Museum) ist frei. *California Plaza, www.moca.org*

Santa Monica Pier Twilight Dance Series [120 B6]
★ Anfang Juli bis Anfang September spielen am Ende des Piers internationale Bands Jazz, Rock, Pop und Reggae. Eintritt ist frei, der malerische Sonnenuntergang auch. *Do 19.30 Uhr, Colorado Ave., Santa Monica, www.santamonica.com*

THEATER

Ahmanson Theatre [119 D2]
Stücke und Musicals, die auch auf dem Broadway in New York gespielt werden. *Music Center, 135 N. Grand Ave./Temple St., Downtown, www.taperahmanson.com*

Geffen Playhouse [123 D1]
Erlesene Theaterpremieren mit Stücken bekannter Autoren, in denen meist Stars (Annette Benning z. B.) mitspielen. *10886 Le Conte Ave./Westwood Blvd., Westwood, www.geffenplayhouse.com*

Mark Taper Forum [119 D3]
Alteingesessenes Theater mit Prestige. Produziert normalerweise vier Stücke pro Saison. Viele Stars aus Film und Fernsehen wie z. B. Al Pacino spielen hier. *Music Center, 135 N. Grand Ave./Temple St., Downtown, www.taperahmanson.com*

Im Wunderland des schönen Scheins

Die Spaziergänge sind in der Karte auf dem hinteren Umschlag und im Cityatlas ab Seite 118 grün markiert

1 KUNSTSPAZIERGANG DURCH DOWNTOWN L. A.

Skulpturen und Wandmalereien von Frank Stella, Robert Rauschenberg, Robert Graham und vielen anderen Künstlern finden Sie draußen und in den Lobbys der Häuser auf dem historischen Bunker Hill District mit seinen Wolkenkratzern, Parks, Springbrunnen und Kunstoasen. Dieses reine Businessviertel ist lediglich tagsüber belebt, besonders um die Mittagszeit. Dauer des Spaziergangs: mindestens 1 1/2 Stunden.

Nach einem kleinen Bummel über den *Grand Central Market (S. 29)*, Ausgang Hill Street, steigen Sie neben dem vorübergehend stillgelegten Angels Flight (einer Seilbahn) gegenüber (351 South Hill St.) die Treppen zum Watercourt mit seinen Geschäften und Restaurants auf den *Bunker Hill*. Hier oben, umgeben von Skyscrapern, haben Sie einen herrlichen Blick auf Downtown, können durch großzügige Grünanlagen spazieren und sich der öffentlichen Kunstwerke erfreuen, die wie Riesenspielzeuge überall verstreut stehen und liegen. Auch die Eingangshallen der Wolkenkratzer offenbaren häufig ein luxuriöses Innenleben mit viel Kunst und architektonischen Spielereien. Sie stehen tagsüber für jedermann offen.

Alexander Calders Skulptur Four Arches in Downtown

Die rote Steinpyramide des Architekten Arata Isozaki auf der linken Seite ist das *Museum of Contemporary Art (S. 46), 250 S. Grand Avenue*. Wenn die Zeit für den Museumsbesuch nicht reicht, werfen Sie auf alle Fälle einen Blick in den Museumsshop mit seinen ausgefallenen Artikeln. In nördlicher Richtung sehen Sie den weißen *Dorothy Chandler Pavilion vom Music Center (S. 89)* und die neue silberne *Walt Disney Concert Hall (S. 27)*. Zurück in Richtung *Angels Flight* steigen Sie die Treppen hinunter, die zum *Watercourt* führen, einer kühlenden Oase aus Granit und Stahl mit vielen Springbrunnen. Die meisten sind computergesteuert und »brechen« zu unterschiedlichsten Zeiten aus: mit kleinen Fontänen oder mächtigen Wasserstrahlen. Am Grand Avenue Sidewalk ent-

Insider Tipp

Die L. A. Central Public Library in Downtown

lang geht es hinüber zum *Wells Fargo Center*, das – wenn Sie den richtigen Blickwinkel haben – wie eine spitz zulaufende, flache Wand in den Himmel zu ragen scheint. Links davor steht eine schwarze, beeindruckende Skulptur aus bemaltem Aluminium und Stahl, *Night Sail* (1983–86) von Louise Nevelson. Besuchen Sie das *Wells Fargo History Museum (S. 49), 333 S. Grand Avenue*, mit der Skulptur *Le Dandy* von Jean Dubuffet (1973 bis 1982), überqueren Sie anschließend die Plaza und gehen die Western Steps hinunter. Auf der anderen Seite der Hope Street stehen Sie vor der Alexander-Calder-Skulptur *Four Arches* von 1974 *(333 S. Hope St.)*. In einer kleinen Grünanlage mit Bänken, kunstfertig angelegtem Bächlein und Wasserfall können Sie sich ausruhen und durch eine riesige Fensterfront die fitnessbegeisterten Angelenos beobachten, die sich im *Ketchum YMCA* auf Tretmühlen, Fahrrädern, Steps etc. in Form halten.

Auf der rechten Seite führt ein Fußgängerweg über die Flower Street zu den fünf Glastürmen des *Westin Bonaventure Hotels (S. 21)*. Erlauben Sie sich eine Fahrt mit einem der *Red Elevators*, und holen Sie sich in der gläsernen Fahrstuhlkabine einen kostenlosen Adrenalinkick. Zurück auf der Hope Street, kommen Sie zu den *Bunker Hill Steps*, der Spanischen Treppe von Los Angeles. Unten angekommen, stehen Sie direkt am Fuße des *Library Tower* mit seiner zierlichen Krone, der in Downtown von fast überall aus in ganzer Größe zu bewundern ist. Auf der anderen Seite der Fifth Street liegt die *L. A. Central Public Library (S. 26)* mit dem pyramidenartigen Turm, der das »Light of Learning«, das Licht des Lernens, darstellen soll. Zurück auf

Grand Avenue, kommen Sie an *One Bunker Hill*, einem Gebäude aus Sandstein und Terrakotta, vorbei, das 1931 für die Edison Company (Elektrizitätswerk) gebaut wurde. Die Lobby glänzt in 17 verschiedenen Marmorarten und hat über 12 m hohe Wände. Überqueren Sie die Grand Avenue, und gehen Sie ins *Regal Biltmore Hotel (S. 78)*. Durch den drei Stockwerke hohen, imposanten *Rendezvous Court* verlassen Sie das Hotel und kommen auf den *Pershing Square*, benannt nach General John Pershing (Erster Weltkrieg). Der älteste Park in Downtown wurde von Ricardo Legorreta und Hanna Olin neu gestaltet. Heute gibt es ein Amphitheater für öffentliche Auftritte und viele moderne Skulpturen. Blickfang ist ein zehnstöckiger, lilafarbener Glockenturm mit einer pinkfarbenen Terrakottakugel *(zwischen 5th und 6th und Olive und Hill St.)*. Zum Abschluss können Sie sich im *International Jewelry Center (550 S. Hill St.)* in einer basarähnlichen Atmosphäre von Gold und Geschmeide blenden lassen. Von hier sind es zweieinhalb Blocks geradeaus die Hill Street hoch in Richtung Third Street, bis Sie wieder beim *Angels Flight* angekommen sind.

Insider Tipp

2 AUF DEN SPUREN DER SCHÖNEN & REICHEN DURCH BEVERLY HILLS

Hier scheint das Geld buchstäblich auf der Straße zu liegen. Jaguar, Rolls Royce, Mercedes und BMW kreuzen langsam durch die Straßen, teure Edelboutiquen der großen Designer und Juweliere wie Bijan, Hermès, Gucci, Chanel, Valentino, Tiffany's, Bulgari, Cartier, Dior, Ralph Lauren, Armani reihen sich aneinander, und in den ruhigen, baumbeschatteten Nebenstraßen liegen die edlen Villen im Schönheitsschlaf. Dauer des Spaziergangs: mindestens 2 Stunden.

Beginnen Sie Ihre Tour am *Beverly Hills Visitors Bureau, 239 S. Beverly Drive*, zwischen Wilshire und Charleville Boulevard. Parken können Sie in einem der vielen Parkhäuser, in einigen sind die ersten zwei Stunden frei. Beverly Drive mit seinen Shops und Restaurants ist schon für sich einen Bummel wert. Nördlich, also links, steht auf der Nordostecke des Beverly Drive/Wilshire Boulevard ein stolzer Tempel mit imposantem Zwiebelturm. 1925 als Filmtheater gebaut, fanden in diesem maurisch inspirierten Bau bis in die Vierzigerjahre hinein viele Filmpremieren statt. Heute gehört er der Israel Discount Bank.

Weiter auf dem Wilshire Boulevard kommen Sie in eins der teuersten Shoppingcenter der Welt, *Two Rodeo Drive*. Einige Geschäfte hier öffnen nur nach Verabredung. Steigen Sie die *Spanish Steps* zur Via Rodeo hinauf, einer auf alt gemachten Straße mit Kopfsteinpflaster, und bummeln Sie an edlen Geschäften und Straßencafés weiter zum Rodeo Drive und Dayton Way. Via Rodeo ist die erste Straße, die 1914 im neuen Beverly Hills angelegt wurde. In nördlicher Richtung, auf der anderen Straßenseite, ist *421 N. Rodeo Drive* mit der *Rodeo Collection*, entworfen von dem Architekten Oliver Vidal. In dieser futuristischen Shoppingmall aus pinkfarbenem Marmor finden Sie weitere hochpreisige Designerboutiquen. Gehen Sie ruhig in die Läden rein, die Verkäufer sind freundlich, und niemand wird Ihnen böse Blicke nachwerfen, weil Sie nur mal schauen wollen.

9501 Little Santa Monica Boulevard/Rodeo Drive steht das *Artists and Writers Building*. Das Gebäude im spanischen Kolonialstil wurde 1924 von dem Architekten Roy S. Price von Gable and Wyant gebaut. Noch heute haben viele Künstler und Autoren ihre kleinen Büros hier. Biegen Sie rechts in den Little Santa Monica Boulevard ein. Drei Blocks weiter, gegenüber der raumschiffartigen Tankstelle aus den Fünfzigerjahren und auf der südöstlichen Ecke von Crescent Drive, steht der Gebäudekomplex *Global Crossing* von Paul Williams. Die Häuser gruppieren sich um eine Plaza mit einem Originalbrunnen aus Florenz und griechischen Säulen. Weiter nördlich auf Crescent Drive sehen Sie schon den hohen, weißen Turm der *Beverly Hills City Hall*. Das Rathaus, im Stil der spanischen Renaissance von William J. Gage 1932 erbaut, wurde 1990 völlig restauriert und dabei mit einer Erweiterung versehen, die seitdem die *Public Library* und das *Police and Fire Department* beherbergt. Auf der anderen Straßenseite liegt das *Beverly Hills Post Office*: italienische Neorenaissance von 1933 mit Terrakotta und Mauersteinen, innen mit schönen Mosaiken und Wandmalereien.

Überqueren Sie den Santa Monica Boulevard, und Sie sind im Stadtpark, den *Beverly Gardens* von 1911. Diese Oase der Ruhe erstreckt sich über 14 Blocks. Westlich den Santa Monica Boulevard entlang, steht im Park an der Ecke Canon/Crescent Drive eine Bronzestatue mit einem Soldaten und zwei Jagdhunden von Henri Alfred Marie Jacquemart, *Hunter and Hounds*. Diese Statue stand ursprünglich nahe dem Château Thierry in Frankreich. Der Bankier W. D. Longyear, dessen Sohn im Ersten Weltkrieg nicht weit entfernt von diesem Ort gefallen war, erwarb das vom Kugelhagel durchlöcherte Kunstwerk und ließ es 1925 in seinem Garten in Beverly Hills aufstellen. Jedes Jahr zum *Armistice Day* (Waffenstillstandstag am 11. November 1918) hielt er hier eine Gedenkveranstaltung ab, bis die Familie Longyear aus Beverly Hills wegzog und die Statue der Stadt schenkte.

Auf *507 Rodeo Drive*, nördlich vom Santa Monica Boulevard, steht das *O'Neill House*, eins der schönsten Beispiele der Art-nouveau-Architektur in Los Angeles. Es ist jedoch in Privatbesitz und nicht zu besichtigen. In Richtung Carmelita Avenue teilt ein Mittelstreifen den Rodeo Drive – ein Überbleibsel von *DINKY*, einer kleinen Bahn, die 1914 den Santa Monica Boulevard, den Sunset Boulevard und das Beverly Hills Hotel verband. In den Zwanzigerjahren wurden die Schienen entfernt; was blieb, war ein Pfad für Pferde, die wiederum in den Dreißigerjahren aus der Stadt verbannt wurden.

Zurück auf dem Santa Monica Boulevard, gehen Sie westlich zum Camden Drive, wo Sie die verschiedensten Kakteen bewundern können. Der *Cactus Garden* erstreckt sich über den gesamten Block zwischen Camden und Bedford Drive

Bescheidenes Anwesen am Rodeo Drive in Beverly Hills

und ist mit schönen, den Jahreszeiten entsprechenden Blumen aufgelockert. Weiter in Richtung Wilshire Boulevard, sprüht an der Ecke der *Electric Fountain* Wasser in die Luft. 1930 für $ 1000 gebaut, wurde er vom Beverly Hills Women's Club gespendet. Die Statue auf dem Brunnen stellt einen indianischen Regenmacher *(Indian rain prayer)* und das Fries mit den Figuren am Rand die frühe Geschichte Kaliforniens dar. Der vielstöckige Bau gegenüber, an der nordwestlichen Ecke der Kreuzung Wilshire/Santa Monica Boulevard, ist das *Beverly Hilton Hotel*. Hier werden alljährlich die Golden Globe Awards vergeben.

Gen Osten, auf *9830 Wilshire/Little Santa Monica Boulevard*, kommen Sie zu einem der aufregendsten neuen Gebäude der Stadt, der *Creative Artists Agency*, erbaut 1989 von dem weltbekannten Architekten I. M. Pei. Hier residieren die Staragenten, die für ihre berühmten Klienten wie Robert DeNiro, Madonna, Meryl Streep, Barbra Streisand, Brad Pitt, Paul Newman, Tom Cruise u. a. die Millionengagen aushandeln. Allein die Eingangshalle ist schon beeindruckend – ein Meisterwerk aus Marmor und Glas. Das Zentrum bildet ein riesiges Original des Popart-Künstlers Roy Lichtenstein.

Nun wird es Zeit für einen kleinen Kaufhausbummel: Auf dem Wilshire Boulevard finden Sie auf der *Department Store Row* u. a. Neiman Marcus, Saks Fifth Avenue und Barneys New York. Nicht weit davon steht das *Regent Beverly Wilshire Hotel*, weltbekannt aus der Kult-Filmromanze »Pretty Woman« mit Julia Roberts und Richard Gere. Gehen Sie ruhig hinein, und gönnen Sie Ihren Füßen eine wohl verdiente Ruhepause. Setzen Sie sich zum Afternoon Tea in die Lobby Lounge.

Insider Tipp

In die Oase oder auf die Insel?

Mit dem Auto in die Wüstenstadt Palm Springs oder mit der Fähre zur »Kaugummi-Insel« Santa Catalina

PALM SPRINGS

Trockenes Wüstenklima, Sonnenschein das ganze Jahr und heiße Quellen brachten bereits in den 1930er-Jahren zahlreiche Filmstars aus dem nahen Hollywood in die damals noch kleine Wüstenstadt. Heute erholen sich The Rich and Famous in luxuriösen Hotelanlagen oder auf opulenten Wintersitzen. Doch Sie müssen kein Präsident und nicht Liz Taylor sein, um dieses Kakteenparadies zu genießen, das so viel zu bieten hat. Besonders schön und unvergesslich sind hier die Sonnenuntergänge – und die gibt's gratis. Palm Springs ist mit über 100 Plätzen nicht nur das größte Golfparadies, sondern auch das größte Dattelanbaugebiet der Welt: 95 Prozent aller Dattelexporte kommen von hier. Es gibt unzählige Spas und Einkaufsmöglichkeiten, gute Restaurants und viele Freizeitangebote von Tennis, Wandern, Radfahren, Reiten, Skilaufen (jawohl!) über Abenteuer-Jeeptouren durch die Wüste, Felsklettern und Wasservergnügungsparks bis zu Museumsbesuchen und mehr. Hauptsaison ist Oktober bis Mai (20–32 Grad). Sonst ist es zu heiß; das Thermometer klettert auf Schweiß treibende 40 Grad und höher. Anfahrt von L. A.: 172 km, ca. 2 Std.; reichlich Trinkwasser mitnehmen!

Joshua trees im gleichnamigen Nationalpark in Palm Springs

Die Reise in die Wüste ist am schönsten mit dem Auto (Sie können auch Flugzeug, Bus oder Bahn nehmen). Fahren Sie auf dem I-10 gen Osten. Wenn Sie L. A. hinter sich gelassen haben, führt der Freeway durch das *Coachella Valley* – Wüste pur mit großartigen Felsformationen und scheinbar endloser Weite, gerahmt von schneebedeckten Bergen, den *San Bernardino Mountains*. Vor der Ausfahrt Palm Springs sehen Sie die Windfarm auf dem *San Gorgonio Mountain Pass*. Über 4500 Windturbinen drehen sich dort auf fast 70 m hohen Masten mit einem Radius von je einem halben Footballfeld. Sie beliefern Palm Springs und das Coachella Valley mit Elektrizität. Die Ausfahrt bringt Sie zunächst auf den I-111 und von dort automatisch auf den North Palm Canyon Drive, die Hauptstraße von Palm Springs.

Auf dem *Palm Canyon Drive* mit seinen mit Lichterketten ge-

schmückten Palmen findet jeden Donnerstag *(18–22 Uhr, zw. Amado/Baristo Rd.)* das *Palm Springs Village Fest* statt: Obststände, Kostproben der umliegenden Restaurants, Musik, Antiquitäten, Kunst – lockere Flohmarktatmosphäre.

Zum Shopping bietet sich der *El Paseo*-Einkaufsdistrikt mit über 150 Läden, Boutiquen, Galerien, Juwelieren und Restaurants an. Wer sich für Landeskunde interessiert, sollte dem *Palm Springs Desert Museum* einen Besuch abstatten: Western und Native Indian Art, Geschichte der Wüste, traditionelles Leben der Cahuilla Indianer *(Di–Sa 10–17, So 12–17 Uhr, $ 7,50, 101 Museum Dr., westl. der Kreuzung Palm Canyon/Tahquitz, www.psmuseum.org)*.

Insider Tipp

Ein klimatechnisches Kontrastprogramm ist die Fahrt mit der Seilbahn *Palm Springs Areal Tramway* auf die 2595 m hohe Spitze des *Mount San Jacinto*. Von hier haben Sie einen tollen Überblick auf das Coachella Valley. Denken Sie an eine warme Jacke und festes Schuhwerk, denn wenn es im Tal 27 Grad warm ist, sind es oben höchstens 7 Grad, und es liegt fast immer Schnee *(Tickets ab $ 21, Tramway Rd. Ausfahrt vom I-111. www.pstramway.com)*.

Im *Coachella Valley* wurden in den 1920er-Jahren aus dem Nahen Osten importierte Dattelpalmen angepflanzt. In den *Shields Date Gardens* können Sie sich einen Überblick über den Anbau verschaffen und Datteln sowie diverse Dattelprodukte kaufen *(tgl. 9–17 Uhr, 80225 Hwy. I-111, Indio, www.shieldsdates.com)*.

Der größte Kaktusgarten in Kalifornien ist der ★ *Joshua Tree Na-*

tional Park – mit über 1000 Jahre alten *Joshua trees*, die wie betende Gestalten ihre Arme gen Himmel recken. Besonders schön ist ein Besuch im Frühling, wenn die Wüste in allen Farben grünt und blüht. Sie können mit dem Pkw durch den Park fahren *(tgl. geöffnet, $ 5)* oder eine Tour buchen *(Di und Do, $ 39, beinhaltet Parkeintritt, Snack, Getränk und Karte, Pick-up vom Hotel; reservieren: Tel. 1-760-285-16 08, www.JoshuaTreeTour.com)*.

Einen Einblick in das tierische Leben der Wüste vermitteln die *Wildlife & Botanical Gardens*, ein botanischer Garten mit Wildkatzen, Wölfen und Kojoten, Insekten, Schlangen, Eulen, Adlern und dem aus den Cartoons bekannten Laufvogel *Roadrunner (tgl. 8–13.30 Uhr, $ 7,95, 47900 Portola Ave., Palm Desert; vom I-111 südlich auf die Portola Ave., 1,5 Meilen, folgen Sie den Schildern)*.

Wer mag, wandert auf den Spuren der Agua-Caliente-Indianer durch die *Andreas, Murray* und *Palm Canyons* (nur 7 Autominuten vom Stadtkern entfernt). Palm Canyon ist die größte natürlich gewachsene Palmenoase der Welt! Skurrile Felsformationen, farbenprächtige Wildblumen, rauschende Wasserfälle, verwunschene Palmenhaine, Herden von Big-Horn-Schafen und wilden Ponys *(im Sommer geschl., Eintritt $ 8, Indian Canyons, www.indian-canyons.com)*.

Abkühlung und Wasservergnügen finden Sie mit Wasserrutschen, Body- und Board-Surfen, Wellenpool, Beachvolleyball und mehr im *Oasis Waterpark, Villa Hotel and Health Club (1500 Gene Autry Trail, zw. Ramon Rd./E. Palm Canyon Dr., Tel. 1-800-247-46 64)*.

Ein Tipp zum Essen: *Edgardo's Café Veracruz & Cantina Tropical.* Regionale Küche: Meso-American, Mayan, Huasteco and Aztec mit *quesadillas*, Kaktussalat, Chilieintopf, Tequila. Live Mariachis! *(Tgl. geöffnet, 494 N. Palm Canyon Dr./W. Alejo Rd., Tel. 1-760-320-35 58, €)*.

Auskunft

– Palm Springs Visitor Information Center, 2781 N. Palm Canyon Dr. (I-111), Tel. 1-800-347-77 46

– Palm Springs Bureau of Tourism, 777 N. Palm Canyon Dr., Suite 101, Tel. 1-760-327-28 28, tgl. 10–18 Uhr www.palm-springs.org, www.palmsprings.com

SANTA CATALINA ISLAND

An klaren Tagen sieht man von L. A. aus einen langen Streifen Land im Meer: Santa Catalina Island (kurz Catalina), ein beliebtes Ausflugsziel. Die Insel liegt 22 Meilen vor dem Festland im Pazifik und ist mit Fähre oder Hubschrauber zu erreichen (beides von San Pedro oder Long Beach aus). Reservieren! Aus Sicherheitsgründen muss jeder Besucher über 16 ein Personaldokument mit Foto (Führerschein, Pass, Personalausweis) vorzeigen. Das Auto können Sie für $ 11 den ganzen Tag parken. Hin- und Rückfahrttickets: $ 49 (Fähre, 1 Std.), $ 140 (Hubschrauber, 15 Min.). Ab 15 Min. vor Abfahrt werden nicht abgeholte Fährtickets an Stand-By-Passagiere verkauft.

Für Long Beach nehmen Sie den Santa Ana Freeway I-5 zum Long Beach Fwy. I-710 (beide Richtung

Süden). Folgen Sie den Schildern für die »Queen Mary«, die Sie zum *Catalina Express Port* bringen. Für San Pedro fahren Sie auf dem Harbor Fwy. I-110 in Richtung Süden und nehmen die Ausfahrt Harbor Blvd., folgen Sie den Schildern zum *Sea/Air Terminal, Berth 95.*

Wenn Sie Glück haben, sehen Sie auf der Überfahrt Delphine und sogar Wale. Die Insel ist übersichtlich, da es nur zwei Orte gibt: *Avalon* und *Two Harbors.* Und selbst den größeren davon, *Avalon*, hat man in kürzester Zeit abgeschritten. Der unbewohnte Teil der Insel ist nur per Boot oder zu Fuß erreichbar (oder mit einer organisierten Tour).

Seit 7000 Jahren ist Santa Catalina bewohnt: Anfangs von Indianern, später kamen Goldgräber, russische Pelzjäger und Rancher. Zu Anfang des 20. Jhs. erwarb der Kaugummi-Milliardär William Wrigley Jr. (1861–1932) Catalina und bemühte sich um die Erhaltung seltener Pflanzen und Tiere. Heute gehören 88 Prozent der Insel der Catalina Island Conservancy, die stark auf Umweltschutz achtet. In den Golden Twenties und Thirties pendelten zwei Dampfschiffe von L. A. nach Catalina. Auf der Überfahrt wurde getanzt und gefeiert, Höhepunkt war der Casino-Besuch.

Heutzutage ist der Ausflug auf die Insel eher relaxed. Es gibt nur wenige Autos, selbst die Einwohner fahren meist elektrische Golf Carts, die Sie auch als Besucher mieten können. Der Anlegehafen liegt in *Avalon.* Vom Pier aus können Sie die *Crescent Avenue* mit ihren Boutiquen und Restaurants entlangspazieren und die Seitenstraßen mit ihren kleinen Häusern und Vorgärten erkunden, in denen Bougainvilleen blühen. Das *Casino* in einem unter Denkmalschutz stehenden Art-déco-Gebäude öffnete 1929 und war fast 20 Jahre lang ein beliebtes Ausflugsziel. Im runden *Casino Ballroom* (der größte der Welt) im 12. Stock, der bis zu 5000 Leute fasst, wurde Charleston und Jitterbug getanzt und Swing nach den Rhythmen berühmter Bigbands *(Casino Way/St. Catherine Way).* Auf einer geführten Tour *($ 12,75)* besuchen Sie außer dem Casino auch das *Avalon Theatre*, das einzige Kino der Insel, das wunderschöne Unterwassermalereien und eine Orgel aus der Stummfilmzeit besitzt, sowie die *Catalina Art Gallery.*

Das *Wrigley Memorial Monument* setzte sich der Kaugummifabrikant und Besitzer der Insel schon zu Lebzeiten. Es bildet den Mittelpunkt des botanischen Gartens, den seine Frau Ada anlegen ließ. Hier wachsen kalifornische Wüstenpflanzen, von denen viele auf der Liste der bedrohten Arten stehen *(tgl. 8–17 Uhr, $ 3, Avalon Canyon Rd.).*

Eine Stärkung gibt's bei *New Antonio's Pizzeria & Cabaret* mit Blick auf die Bucht. Jukeboxen am Tisch spielen die besten 50er-Jahre-Songs *(230 Crescent Ave., €€).*

Sportlich Ambitionierte vertreiben sich die Zeit mit Parasailing Insider Tipp *($ 65 für 8–10 Min., Tel. 1-310-510-17 77, 105 Pebble Beach Rd., neben den Basketballplätzen am Anfang der Stadt, www.parasailingcatalina.com)* oder Schnorcheln und Tauchen, denn klares Wasser und riesige Kelpwälder bieten beste Voraussetzungen für interessante Unterwassertouren. Ideal auch für Anfänger *(Catalina Scuba Luv, 126 Catalina Ave., Tel. 1-800-262-DIVE, www.scubaluv.biz).*

Blick auf die Bucht von Avalon, dem Hauptort von Catalina Island

Erholung und Ruhe gibt's in *Two Harbors*. Hier, wo die Luxusyachten ankern, ticken die Uhren anders. Den Ort erreichen Sie per Boot (1 Std.) oder Bus (2 Std.) ab Avalon. Im *Harbor Reef Restaurant* gibt's frischen Fisch, Steaks, BBQ-Ribs und mehr. Große Portionen. Reservieren! *(Tel. 1-310-510-42 33, €€)*. Von Two Harbors startet auch die *Inland Motor Tour*. Neben atemberaubenden Aussichten gibt es einen Besuch bei *El Rancho Escondido*, wo Araberhengste, die Philip K. Wrigley auf die Insel brachte, ihre Künste vorführen. Nicht garantiert, aber sehr wahrscheinlich: der Auftritt der wilden Büffel. Snacks und Getränke inbegriffen *(ca. 3 Std., $ 56,60, Tel. 1-800-636-14 96)*.

Insider Tipp

Wer sich der Natur verbunden fühlt, wandert oder mietet sich ein Kajak. Kristallklares Wasser, einsame Höhlen, Buchten und Felsen, auf denen Seehunde liegen, Pelikane, die wie ein Pfeil ins Meer schießen – all das können Sie in Ruhe vom Kajak aus genießen *(ab $ 39, Two Harbors Dive & Recreation Center, Tel. 1-310-510-42 72)*. Wanderern stehen einfache bis schwierigere Pfade zur Verfügung. Die Aussicht ist unübertroffen. Kostenlose *Hiking Permits* (ohne geht es nicht) bekommen Sie in Avalon beim *Catalina Island Conservancy Office (Tel. 1-310-510-25 95)*.

Transfer

– *Catalina Express, Tel. 1-800-481-34 70, www.catalinaexpress.com*
– *Island Express Helicopter Service, Tel. 1-800-2-AVALON, www.islandexpress.com*

Golf Carts

– *Cartopia Golf Cart Rental, Crescent Ave./Pebble Beach Rd.*
– *Island Rentals gegenüber dem Anlegeplatz, jeweils ca. $ 30/Std.*

Auskunft

Catalina Island Visitors Bureau, Green Pleasure Pier (Mitte Crescent Ave.), www.catalina.com

Angesagt!

Events, Meetings und Aktionen, die Sie kennen und nicht verpassen sollten!

Nächtliche Neontour
Jeden Samstag treffen sich Neon-Junkies (19.30 Uhr) zu einer dreistündigen Bustour am *Museum of Neon Art (501 W. Olympic Blvd., Downtown)*. Mit dem Doppeldeckerbus geht's durch Downtown und Hollywood. Alte und neue Neonreklameschilder, die Ikonen des modernen Amerika, erzählen von der Geschichte der Stadt *(Info: Tel. 1-213-489-99 18, www.neonmona.org)*.

Hollywood – zum Greifen nah
Hoch oben in den Hollywood Hills stehen die neun Buchstaben, die für viele die Welt bedeuten. Starten Sie den Trip am *Bronson Canyon*-Eingang zum *Griffith Park*. Parken Sie den Wagen am Ende des Canyon Drive (der letzte Parkplatz links ist kostenfrei). Gehen Sie auf dem Brush Canyon Dr. steil bergauf. Oben angekommen, folgen Sie der kurvigen Straße links: herrliche Ausblicke über die Stadt auf der einen und das San Fernando Valley auf der anderen Seite. Am Ende stehen Sie über dem Hollywood Zeichen. Zurück geht's denselben Weg *(ca. 8 km Rundtrip, Info: Tel. 1-323-913-46 88)*.

Tanzen über dem Wasser
Von Memorial bis Labor Day (Ende Mai–Sept.) finden auf dem Pier in Santa Monica die *Twilight Dance Series* statt. Berühmte Gruppen wie Santana spielen hier für alle, die unter freiem Himmel tanzen und träumen wollen. Und der Eintritt ist frei! *Do ab 21 Uhr, Santa Monica Pier, www.santa monica.com*

Friday Nights at the Getty
Filmvorführungen, klassische Konzerte, Theater, Soul, R & B, Prosa, Autorenlesungen, Kunstworkshops und vieles mehr. Dazu der großartige Blick auf L. A. und das Meer. Viele dieser Abende (immer Fr) sind kostenlos. *www.getty.edu*

Cigar Night mit Arnold
Schatzi on Main ist Arnold Schwarzeneggers Restaurant in Santa Monica. Jeden 1. Mo im Monat findet auf der Terrasse Arnolds berühmte Zigarrennacht statt. Wenn er in L. A. ist, kommt er selbst vorbei und macht auch blauen Dunst *(3110 Main St. zw. Marine/Rose St., www.Schatzi-on-Main.com)*.

Von Anreise bis Zoll

Hier finden Sie kurz gefasst die wichtigsten Adressen und Informationen für Ihre Reise nach Los Angeles

ANREISE

Flugzeug

Der Nonstopflug von Frankfurt/M. dauert ca. 11 ½ Stunden. In der Vor- und Nachsaison kosten Tickets ab 450 Euro, in der Hochsaison (zur deutschen Ferienzeit) ab 850 Euro. Am billigsten fliegen Sie mit *Air India (www.airindia.de)*, die dreimal die Woche nonstop von Frankfurt nach Los Angeles fliegt.

Linien- und Charterflüge aus dem In- und Ausland landen auf dem LAX (Los Angeles International Airport). Der fünftgrößte Flughafen der Welt liegt am Meer zwischen Marina del Rey und Manhattan Beach, südwestlich von Downtown L. A. Pass- und Zollkontrolle sind zeitaufwändig.

Ein Taxi nach Downtown kostet ca. $ 38, nach Santa Monica $ 25, nach Beverly Hills $ 30 *(alle plus $ 2 Flughafengebühr)*. Viele Hotels haben eigene Shuttlebusse. Wenn nicht, können Sie zwischen etlichen Kleinbusanbietern wählen. Nach Downtown L. A. oder Beverly Hills $ 15, nach Santa Monica $ 14. Fragen Sie, welcher Shuttlebus in Ihre Richtung fährt. Auf dem Rückweg zum Flughafen sollten Sie mindestens einen Tag vorher anrufen und buchen! *Super Shuttle, Tel. 1-800-258-38 26, www.supershuttle.com*

Metropolitan Expressbusse fahren vor jedem Terminal ab, Metrobusse vom Transit Center (Parkplatz C); hierher kostenloser Shuttle. Für $ 1,35 kommt man mit dem Bus 42 bzw. für $ 1,85 mit Nr. 439 nach Downtown. Die Metro Green Line mit Umsteigen in die Blue Line bringt Sie für $ 1,60 nach Downtown.

Bus

Der Greyhound Bus Terminal befindet sich Downtown L. A., Ecke 1716 E. 7th Street und Alameda.

Bahn

Amtrak-Züge kommen in der Union Station in Downtown L. A., 800 N. Alameda Street, an.

Auto

Von Norden und Süden Anfahrt über den I-5 (Golden State Fwy.) und den I-405 (San Diego Fwy.). Von Westen über den I-101 (Ventura Fwy.) oder am Meer entlang auf dem Pacific Coast Highway 1 (PCH); von Osten über den I-10 (Santa Monica Fwy.).

AUSKUNFT VOR DER REISE

Nonstop Reise GmbH

Eschersheimer Landstr. 220, 60320 Frankfurt/M., Tel. 069/560 26 00, Fax 560 26 29, www.nonstop-reisen.de

AUSKUNFT IN L.A.

Nonstop TRAVEL
833 W. Torrance Blvd., Suite 111, Torrance/CA 90502, Tel. 1-310-324-55 00, 1-800-949-63 62, Fax 1-310-324-76 23, www.nonstoptravel.net
Die *Visitors Bureaus* vor Ort sind meist Mo–Sa 8–17 Uhr geöffnet:

Beverly Hills Visitors Bureau
239 S. Beverly Dr., zw. Charleville Blvd./Gregory Way, Tel. 1-310-248-10 15, www.beverlyhillsbehere.com

Visitors Information Center L. A.
685 S. Figueroa, zw. Wilshire Blvd./W. 7th St., Downtown, Tel. 1-213-689-88 22, www.lacvb.com

Santa Monica Visitors Center
1400 Ocean Ave., zw. Santa Monica Blvd./Broadway, Tel. 1-310-393-75 93, www.santamonica.com

West Hollywood Convention and Visitors Bureau
8687 Melrose Ave./San Vicente Blvd., Tel. 1-310-289-25 25, www.visitwesthollywood.com

DIPLOMATISCHE VERTRETUNGEN

Deutsches Generalkonsulat
6222 Wilshire Blvd., Suite 500, Mo bis Fr 8–11, tel. 13.30–16, Fr bis 13.30 Uhr, Tel. 1-323-930-27 03, Fax 1-323-930-27 03, www.germanconsulate.org/losangeles

Österreichisches Generalkonsulat
11859 Wilshire Blvd./Westgate, Suite 501, Mo–Fr 10–13, tel. 9–17 Uhr, Tel. 1-310-444-93 10, Fax 1-310-477-98 97, www.aneki.com/consulate/Austrian_consulate_los_angeles.html

Generalkonsulat der Schweiz
11766 Wilshire Blvd./Barrington, Mo–Fr 9–12 Uhr, Tel. 1-310-575-11 45, Fax 1-310-575-19 82, www.eda.admin.ch/losangeles_cg/e/home.html

EINREISE

Sie benötigen einen maschinenlesbaren Reisepass. Ein Visum ist nicht nötig, wenn Ihr Aufenthalt 90 Tage nicht überschreitet und Sie bei der Einreise ein Rückflugticket vorweisen können. Die aktuellen Einreisebestimmungen finden Sie unter *www.us-botschaft.de/germany-ger/visa/index.html*

GELD

Ein Dollar ist unterteilt in 100 Cents. Scheine *(bills)* gibt es zu 1, 2 (selten), 5, 10, 20, 50 und 100 Dollar; die beiden Letzteren sind nicht sehr willkommen und werden im Taxi und in kleineren Geschäften meist nicht angenommen. Vorsicht: Die Scheine haben keine unterschiedlichen Farben, und leicht hat man einen 100- mit einem 10-Dollar-Schein verwechselt! Münzen *(coins)* sind zu 1 *(penny)*, 5 *(nickel)*, 10 *(dime)*, 25 *(quarter)* Cents im Umlauf. Ganz selten: *half* (50 Cents) und Silberdollar. Obwohl es einige wenige Restaurants und Läden gibt, die nur Bargeld *(cash)* akzeptieren, sind Kreditkarten das gebräuchlichste Zahlungsmittel. Damit bekommen Sie auch Geld am Automaten. Travellerschecks werden wie Bargeld behandelt. Informationen über Geldwechsel, Wechselkurse und das nächstgelegene Wechselbüro: *Tel. 1-800-287-73 62 (Thomas Cook Currency Services)*.

€	US$	US$	€
1	1,20	1	0,84
2	2,40	2	1,68
3	3,60	3	2,52
4	4,80	4	3,36
5	6,00	5	4,20
7	8,40	7	5,88
8	9,60	8	6,72
9	10,80	9	7,56
10	12,00	10	8,40

INTERNET & INTERNETCAFÉS

Die folgenden Webseiten bieten nicht nur die neuesten, besten und interessantesten Restaurants, Diskos, Hotels, Ausstellungen etc., sondern auch eine Vielfalt von Informationen, die Ihnen einen guten Überblick geben. Veranstaltungshinweise von Zeitungen: *www.calendarlive.com* (»Los Angeles Times«, *www.laweekly.com, www.lamag.com.* Alles, was Sie wissen wollen: *www.digitalcity.com/losangeles, www.losangeles.citysearch.com, www.mapquest.com* (tippen Sie eine Adresse ein, und es erscheint eine Karte); *www.hollywoodusa.co.uk/celebrity-homes.htm* (Adressen der Filmstars). Eine Übersicht über Internetcafés liefert *www.cybercafes.com.*

KLIMA & REISEZEIT

Die schönsten Jahreszeiten sind Frühling und Winter. Nach kurzen Regenschauern ist die Luft klar, und die Berge zeigen sich in saftigem Grün mit bunten Wildblumen. Tagsüber ist es warm, nach Sonnenuntergang braucht man eine Jacke und Socken. Das Gleiche gilt für Sommerabende in Strandnähe. Hier ist es morgens bis in die frühen Mittagsstunden meist bedeckt. Da Los Angeles sich auf Wüstengrund befindet, ist die Luftfeuchtigkeit extrem niedrig. Trinken Sie viel Wasser! Mehrmals im Jahr wehen heiße, trockene Santa-Ana-Winde, eine Art Föhn, die für eine tolle Aussicht auf die Berge sorgen.

Wettervorhersage: Tel. 1-213-554-12 12, Wellenauskunft für Surfer: Tel. 1-310-457-97 01

MIETFAHRZEUGE

Mietwagen sollten Sie schon im Voraus in Deutschland buchen, da hier die Versicherung inklusive ist, wofür in den USA $ 12–20 pro Tag extra berechnet werden. Sie brauchen den internationalen Führerschein und eine Kreditkarte. Sind Sie unter 24 Jahre, verlangen die Verleiher höhere Preise. Klären Sie mit Ihrem Kreditkartenträger, ob Sie den Schutz einer Diebstahl- und Unfallversicherung haben – in diesem Fall können Sie die Zusatzversicherung vor Ort weglassen und viel Geld sparen.

– *Alamo (Tel. 1-800-327-96 33)*
– *Avis (Tel. 1-800-331-12 12)*
– *Budget (Tel. 1-800-227-71 17)*
– *Dollar (Tel. 1-800-800-40 00)*
– *Hertz (Tel. 1-800-654-31 31)*
– *National (Tel. 1-800-227-73 68)*
– *Thrifty (Tel. 1-310-645-18 80)*

Weitere Angebote für Autovermietungen finden Sie unter *www.marcopolo.de*. Wenn Sie sich den American Dream mit einer Harley Davidson erfüllen wollen: *Eaglerider (Tel. 1-800-501-86 87, www.eaglerider.com)*, ab $ 50 pro Tag. Wohnmobile: *Motor Home Rentals (Tel. 1-800-478-50 40, 1-800-337-22 00)* hat auch deutschsprachige Agenten.

NOTARZT & NOTRUF

Notrufnummer: *Tel. 911*
Notaufnahme rund um die Uhr:
– *California Hospital Medical Center, 401 S. Grand Ave., Downtown, Tel. 1-213-748-24 11*
– *UCLA Medical Center, auf dem UCLA-Campus in Westwood, Tel. 1-310-825-91 11*

Bei Zahnschmerzen hilft die *Los Angeles Dental Society (Tel. 1-213-380-76 69)*. Ärzte und Krankenhäuser müssen sofort bezahlt werden – entweder mit Kreditkarte oder in bar. Schließen Sie deshalb unbedingt eine Reisekrankenversicherung ab!

ÖFFENTLICHE VERKEHRSMITTEL

Telefonische Auskunft über Zug- und Busverkehr: *Tel. 1-800-266-68 83*. Alle Fahrten mit MTA-Bussen kosten $ 1,35, umsteigen 25 Cents. Halten Sie das Fahrgeld abgezählt bereit, da der Fahrer kein Geld rausgeben kann. Auskunft über Strecken und Zeitplan: *Tel. 1-213-626-44 55, www.mta.net*

Der *Big Blue Bus* von Santa Monica verkehrt auf der gesamten Westside, fährt zum Flughafen und nach Downtown (*Tel. 1-310-451-54 44, Mo–Fr 8–17 Uhr, www.bigbluebus.com)*. Der *Tide Shuttle* pendelt zwischen Hotels und örtlichen Sehenswürdigkeiten *(So–Do 12 bis 22, Fr/Sa 12–24 Uhr)*. Eine Fahrt kostet 25 Cents.

In Downtown und inzwischen auch in anderen Stadtteilen von L. A. operiert der *DASH* (Downtown Area Short Hop) mit Minibussen für 25 Cents pro Fahrt *(www.ladottransit.com)*.

Auskunft über Zugverbindungen *(Amtrak): Tel. 1-800-872-72 45, www.amtrak.com;* Greyhound-Busse: *Tel. 1-800-231-22 22, www.greyhound.com.* Informationen für Busse, Metro Rail, Subway in Los Angeles und Santa Monica unter *www.experiencela.com/GA.html.*

PARKEN

Achten Sie darauf, immer genügend *Quarter* (25-Cent-Stücke) zur Hand zu haben. Lesen Sie die Schilder, auf denen Zeiten und Dauer angegeben sind! *Roter* Bürgersteig bedeutet: Parken nicht erlaubt, *weißer* Bürgersteig: nur Be- und Entladen. Die meisten Restaurants, Einkaufszentren, Clubs und Geschäfte haben eigene, kostenlose Parkplätze oder bieten *Valet-Service* an. Beim Valet überlässt man den Wagen dem Personal zum Parken. $ 1–2 Tip werden beim Abholen erwartet. In manchen Parkhäusern sind die ersten zwei Stunden frei.

STROM

110 Volt/60 Hertz. Steckdosenadapter bekommen Sie in einer der Filialen von *Radio Shack.*

TAXI

Taxis kann man nicht auf der Straße anhalten. Sie stehen am Bahnhof, am Flugplatz oder vor größeren Hotels. Am besten anrufen: *Yellow Cab (Tel. 1-877-733-33 05)* oder *L. A. Taxi (Tel. 1-800-451-37 94).*

TELEFON & HANDY

Auskunft bekommt man unter der Nummer 411; zuerst wird man von einem Computer nach dem Ort gefragt, und dann kommt die Nummer, oder es meldet sich ein Operator, der weiterhilft. Vorwahl nach Deutschland: *011-49*, nach Österreich: *011-43*, in die Schweiz: *011-41.* Telefonkarten können Sie in Postämtern und Supermärkten kaufen. Vorwahl in die USA: *001.*

Wer sein Handy mitnehmen möchte, sollte sich zu Hause bei seinem Provider über die aktuellen Bedingungen informieren. Vor Ort helfen die Handy-Spezialisten von *Cingular* mit Filialen in der ganzen Stadt weiter *(www.cingular.com).*

VERKEHR

An der roten Ampel rechts abbiegen, sonst ertönt hinter Ihnen ein Hupkonzert. Fußgänger haben immer Vorfahrt! Kreuzung mit vier Stoppschildern: Wer zuerst kommt, hat Vorfahrt. Auf dem umfangrei-

Was kostet wie viel?

Cappuccino	**3,50 Euro** im Café
Caesar's Salad	**ab 4,50 Euro**
Hamburger	**ab 1 Euro** für die einfachste Version
Wasser	**1,80 Euro** kl. Flasche Mineralwasser
Benzin	**2,50 Euro** für eine gallon (ca. 3,75 l)
Taxi	**1,80 Euro** pro Meile, plus 2 Euro Grundgebühr

chen Freeway-System von L. A. (ca. 1300 km) ist die Höchstgeschwindigkeit 65 mph (= ca. 105 km/h), in Städten 35 mph (56 km/h), oft nur 25 mph (40 km/h). Achtung: Es wird rechts überholt, und Motorradfahrer dürfen sich überall durchschlängeln. Zur Rushhour schalten sich Ampeln an den Auffahrten ein, die das Einfädeln erleichtern. Oft gibt es *carpool lanes*, separate Spuren für Autos mit zwei oder mehr Insassen, die durch eine Rhombe gekennzeichnet sind. Wer unter diese Kategorie fällt, muss an den Auffahrtampeln nicht warten.

ZEIT

Los Angeles liegt 9 Stunden hinter der Mitteleuropäischen Zeit (MEZ) zurück. Auskunft: *Tel. 1-310-853-12 12*. Zeitumstellung auf Sommer- bzw. Winterzeit am 1. So im April und am letzten So im Oktober.

ZOLL

Die Einfuhr von Lebensmitteln, Konserven, Pflanzen, Samen und Obst ist verboten. Zollfrei pro Person: 1 l Alkohol, 200 Zigaretten oder 50 Zigarren (nicht aus Kuba), 60 ml Parfüm, 250 ml Eau de Toilette und Geschenke im Wert von max. $ 100.

Bei der Heimreise dürfen Sie in die EU zollfrei einführen: Souvenirs im Wert von max. 175 Euro, 2 l Wein und 1 l Alkohohl mit über 22 Prozent, 200 Zigaretten oder 100 Zigarillos oder 50 Zigarren, 500 g Kaffee, 50 g Parfüm und 0,25 l Eau de Toilette. Deutschland, Österreich und die Schweiz verbieten die Einfuhr von Produkten, deren Material von geschützten Tieren stammt.

Wetter in Los Angeles

	Jan.	Feb.	März	April	Mai	Juni	Juli	Aug.	Sept.	Okt.	Nov.	Dez.
Tagestemperaturen in °C	17	18	21	22	23	25	28	28	28	25	23	19
Nachttemperaturen in °C	7	9	10	12	13	15	17	17	16	14	11	9
Sonnenschein Std./Tag	6	7	8	9	11	12	12	10	9	8	7	7
Niederschlag Tage/Monat	6	10	7	4	0	0	0	0	0	0	3	4
Wassertemperaturen in °C	12	12	13	14	16	17	19	22	20	18	16	14

Do you speak American English?

»Sprichst du Englisch?«
Dieser Sprachführer hilft Ihnen, die wichtigsten Wörter und Sätze auf Englisch zu sagen

Zur Erleichterung der Aussprache sind alle englischen Wörter mit einer einfachen Aussprache (in eckigen Klammern) versehen.
Folgende Zeichen sind Sonderzeichen:

ə	nur angedeutetes »e« wie in bitte
θ	[s] gesprochen mit der Zungenspitze zwischen den Zähnen
'	die nachfolgende Silbe wird betont

AUF EINEN BLICK

Ja/Nein	Yes [jäs]/No [nəu]
Vielleicht	Perhaps [pə'häps]/Maybe ['mäibih]
Bitte/Danke	Please [plihs]/Thank you ['θänkju]
Gern geschehen.	You're welcome. [joh 'wälkəm]
Entschuldigung!	Excuse me! [ikskjus mi]
Wie bitte?	Pardon? ['pahdn]
Ich verstehe Sie/dich nicht.	I don't understand. [ai dəunt andə'ständ]
Können Sie mir bitte helfen?	Can you help me, please? ['kən ju 'hälp mi plihs]
Guten Tag!	Good morning! [gud 'mohning]/ evening! ['ihwning] (je nach Tageszeit)
Hallo! Grüß dich!	Hello! [hə'ləu]
Hallo, wie geht's?	Hi! How are you? [hai! hau ar ju?]
Wie ist Ihr/dein Name?	What's your name? [wots joh 'näim]
Mein Name ist …	My name is … [mai näim is]
Ich komme aus …	I'm from … [aim frəm]
… Deutschland.	… Germany. ['dschöhməni]
… Österreich.	… Austria. ['ohstriə]
… der Schweiz.	… Switzerland. ['switsələnd]
Auf Wiedersehen!	Goodbye! [,gud'bai]/Bye-bye! [,bai'bai]
Tschüss!	See you! [sih ju]/Bye! [bai]
Schönen Tag noch.	Have a nice day. ['həw a naiß däi]
Hilfe!	Help! [hälp]
Rufen Sie bitte …	Please call … ['plihs 'kohl]

… einen Krankenwagen.	… an ambulance. [ən 'ämbjuləns]
… die Polizei.	… the police. [θə pə'lihs]

UNTERWEGS

Bitte, wo ist …	Excuse me, where's … [iks'kjuhs 'mih 'weəs]
… der Bahnhof?	… the train station? [θə träin 'stäischn]
… der Flughafen?	… the airport? [θə 'eəpoht]
… die (Bus-)Haltestelle?	… the (bus)stop? [θə (bas)stəp]
… der Taxistand?	… the taxi rank? [θə 'täksiränk]
… die Autovermietung?	… the car rental station? [θə 'kahrentl stäischn]
Bus/Fähre/Zug	bus [bas]/ferry ['färi]/train [träin]
Wo kann ich einen Fahrschein kaufen?	Where can I buy a ticket? ['weə kən‿ai bai‿ə 'tikit]
Können Sie mir bitte sagen, wie ich nach … komme?	Could you tell me how to get to …, please? ['kud‿ju 'täl me hau tə gät tə ... plihs]
Gehen Sie geradeaus.	Go straight on. [gəu sträit 'on]
Gehen Sie nach links/rechts.	Turn left/right. [töhn 'läft/'rait]
Erste/Zweite Straße links/rechts.	The first/second street on the left/right. [θə 'föhst/'säknd striht on θə 'läft/'rait]
nah/weit	near [niə]/far [fah]
Überqueren Sie …	Cross … ['kros]
… die Brücke.	… the bridge. [θə 'bridsch]
… den Platz.	… the square. [θə 'skweə]
… die Straße.	… the street. [θə 'striht]
Ich möchte … mieten.	I'd like to rent … [aid' laik tə rent]
… ein Auto …	… a car. [ə 'kah]
… ein Fahrrad/ein Boot …	… a bike. [ə 'baik]/… a boat. [ə 'bəut]
offen/geschlossen	open ['əupn]/closed [kləusd]
drücken/ziehen	push [pusch]/pull [pull]
Eingang/Ausgang	entrance ['äntrəns]/exit ['ägsit]
Wo sind bitte die Toiletten?	Where are the restrooms, please? ['weərə θə 'restrums plihs]
Damen/Herren	Ladies ['läidies]/Gentlemen ['dschäntlmən]

SEHENSWERTES

Wann ist das Museum geöffnet?	When is the museum open? ['wän is θə mju'siəm 'əupn]
Wann beginnt die Führung?	When does the tour start? ['wän das θə 'tuə 'staht]
Altstadt	the old town [θi‿'əuld 'taun]
Ausstellung	exhibition/show [,äksi'bischn/schou]
Gottesdienst	service ['söhwis]
Kirche	church [tschöhtsch]

Rathaus	city/town hall ['siti/'taun 'hohl]
Stadtplan	map of town ['mäp‿əw 'taun]
Stadtzentrum	town centre ['taun 'säntə]/ downtown [dauntaun]

DATUMS- & ZEITANGABEN

Montag	Monday ['mandäi]
Dienstag	Tuesday ['tjuhsdäi]
Mittwoch	Wednesday ['wänsdäi]
Donnerstag	Thursday ['θöhsdäi]
Freitag	Friday ['fraidäi]
Samstag	Saturday ['sätədäi]
Sonntag	Sunday ['sandäi]
heute/morgen	today [tə'däi]/tomorrow [tə'morəu]
täglich	every day ['äwri 'däi]/daily ['däili]
Wie viel Uhr ist es?	What time is it? [wot 'taim‿is‿it]
Es ist 3 Uhr.	It's three o'clock. [its 'θrih‿ə'klok]
Es ist halb 3.	It's half past two. [its 'hahf pahst tuh]
Es ist Viertel vor 3.	It's quarter to three. [its 'kwohtə tə 'θrih]
Es ist Viertel nach 3.	It's quarter past three. [its 'kwohtə pahst 'θrih]

ESSEN & TRINKEN

Die Speisekarte, bitte.	May I have the menu, please. ['mäi ai häw θə 'mänjuh plihs]
Ich nehme …	I'll have … [ail häw]
Bitte ein Glas …	A glass of …, please [ə 'glahs‿əw ... plihs]
Besteck	cutlery ['katləri]
Messer/Gabel/Löffel	knife [naif]/fork ['fohk]/spoon ['spuhn]
Vorspeise	hors d'œuvre [oh'döhwr]/starter ['stahtə]
Hauptgericht	main course ['main 'kohs]/entrée [əntre]
Nachspeise	dessert [di'söht]
Salz/Pfeffer	salt [sohlt]/pepper ['päpə]
scharf	hot [hot]/spicy [spaisi]
Ich bin Vegetarier/in.	I'm a vegetarian. [aim a ,wädschi'teəriən]
Trinkgeld	tip [tip]
Die Rechnung, bitte.	May I have the check, please? ['mäi ai häw θə 'tschek plihs]

EINKAUFEN

Wo finde ich …	Where can I find … ['weə 'kən‿ai 'faind]
… eine Apotheke?	… a pharmacy? [ə 'famaßi]
… eine Bäckerei?	… a bakery? [ə bäikəri]
… ein Kaufhaus?	… a department store? [ə di'pahtmənt stoh]
… einen Markt?	… a market? [ə 'mahkit]

Haben Sie …?	Do you have …? [dju 'həw]
Ich möchte …	I'd like … [aid 'laik]
Ein Stück hiervon, bitte.	A piece of this, please. [ə pihs əw θis plihs]
Eine Einkaufstüte, bitte.	A bag, please. [ə bäg plihs]
Das gefällt mir (nicht).	I (don't) like it. [ai (dəunt) laik‿it]
Wie viel kostet es?	How much is it? ['hau 'matsch is it]
Nehmen Sie Kreditkarten?	Do you take credit cards? [du‿ju täik 'kräditkahds]

ÜBERNACHTEN

Ich habe bei Ihnen ein Zimmer reserviert.	I've reserved a room. [aiw ri'söhwd‿ə 'ruhm]
Haben Sie noch Zimmer frei?	Do you have any vacancies? [dju 'həw äni 'wäikənsis]
ein Einzelzimmer	a single room [ə 'singl ruhm]
ein Doppelzimmer	a double room [ə 'dabl ruhm]
mit Dusche/Bad	with a shower/bath [wiθ ə 'schauə/'bahθ]
Was kostet das Zimmer?	How much is the room? ['hau 'matsch is θə ruhm]
Frühstück	breakfast ['bräkfəst]
Vollpension	American Plan ['amerikan plän]

PRAKTISCHE INFORMATIONEN

Können Sie mir einen Arzt empfehlen?	Can you recommend a doctor? [kən ju ˌräkə'mänd ə 'doktə]
Ich habe hier Schmerzen.	I've got pain here. [aiw got päin 'hiə]
Ich habe Durchfall.	I've got diarrhoea. [aiw got daiə'riə]
Kinderarzt/Zahnarzt	pediatrician [ˌpihdiə'trischn]/dentist ['däntist]
Eine Briefmarke, bitte.	One stamp, please. [wan stämp 'plihs]
Wo ist bitte …	Where's … , please? ['weəs ... plihs]
… die nächste Bank?	… the nearest bank … [θə 'niərist 'bänk]
… der nächste Geldautomat?	… the nearest ATM … [θə 'niərist 'äitiem]

ZAHLEN

1	one [wan]	11	eleven [i'läwn]
2	two [tuh]	12	twelve [twälw]
3	three [θrih]	20	twenty ['twänti]
4	four [foh]	50	fifty ['fifti]
5	five [faiw]	100	a (one) hundred [ə ('wan) 'handrəd]
6	six [siks]	200	two hundred ['tuh 'handrəd]
7	seven ['säwn]	500	five hundred ['faiw 'handrəd]
8	eight [äit]	1000	a (one) thousand [ə ('wan) 'θausənd]
9	nine [nain]	1/2	a half [ə 'hahf]
10	ten [tän]	1/4	a (one) quarter [ə ('wan) 'kwohtə]

Cityatlas Los Angeles

Die Seiteneinteilung für den Cityatlas finden Sie auf dem hinteren Umschlag dieses Reiseführers

A B C

Kartenlegende Cityatlas

Sehenswürdigkeit
Point of interest
Curiosité
Curiosità
Curiosidad

Int. Flughafen
Int'l. Airport
Aéroport int.
Aeroporto int.
Aeropuerto int.

U-Bahn
Subway
Métro
Metropolitana
Metro

Museum
Museum
Musée
Museo
Museo

Flugplatz
Airfield
Aérodrome
Aerodromo
Aeródromo

Schnellbahn
Commutertrain
Train express
Ferrovia urbana
Tren de cercanías

Theater
Theater
Théâtre
Teatro
Teatro

Busbahnhof
Bus station
Station d'autobus
Stazione autolinee
Estación de autobuses

Parkplatz
Car park
Parking
Parcheggio
Aparcamiento de varios pisos

Kino
Cinema
Cinéma
Cinema
Cine

Autovermietung
Rent-a-car
Location de voitures
Noleggio automobili
Alquiler de coches

Strand
Beach
Plage
Spiaggia
Playa

Kirche
Church
Église
Chiesa
Iglesia

Postamt
Post office
Poste
Posta
Oficina de correos

Hotel
Hotel
Hôtel
Albergo
Hotel

Information
Information
Informations
Informazione
Información

Krankenhaus
Hospital
Hôpital
Ospedale
Hospital

Öffentliche Gebäude
Public buildings
Édifice public
Edificio pubblico
Edificio público

Bibliothek
Library
Bibliothèque
Biblioteca
Biblioteca

Polizei
Police
Police
Polizia
Policía

Kaufhaus
Department store
Grand magasin
Grande magazzino
Grandes almacenes

Golf
Golf
Golf
Golf
Golf

Einbahnstraße
One-way road
Rue à sens unique
Strada a senso unico
Calle de sentido único

Markt
Market
Marché
Mercato
Mercado

Stadtspaziergänge
Walking tours
Promenades en ville
Passeggiate urbane
Paseos urbanos

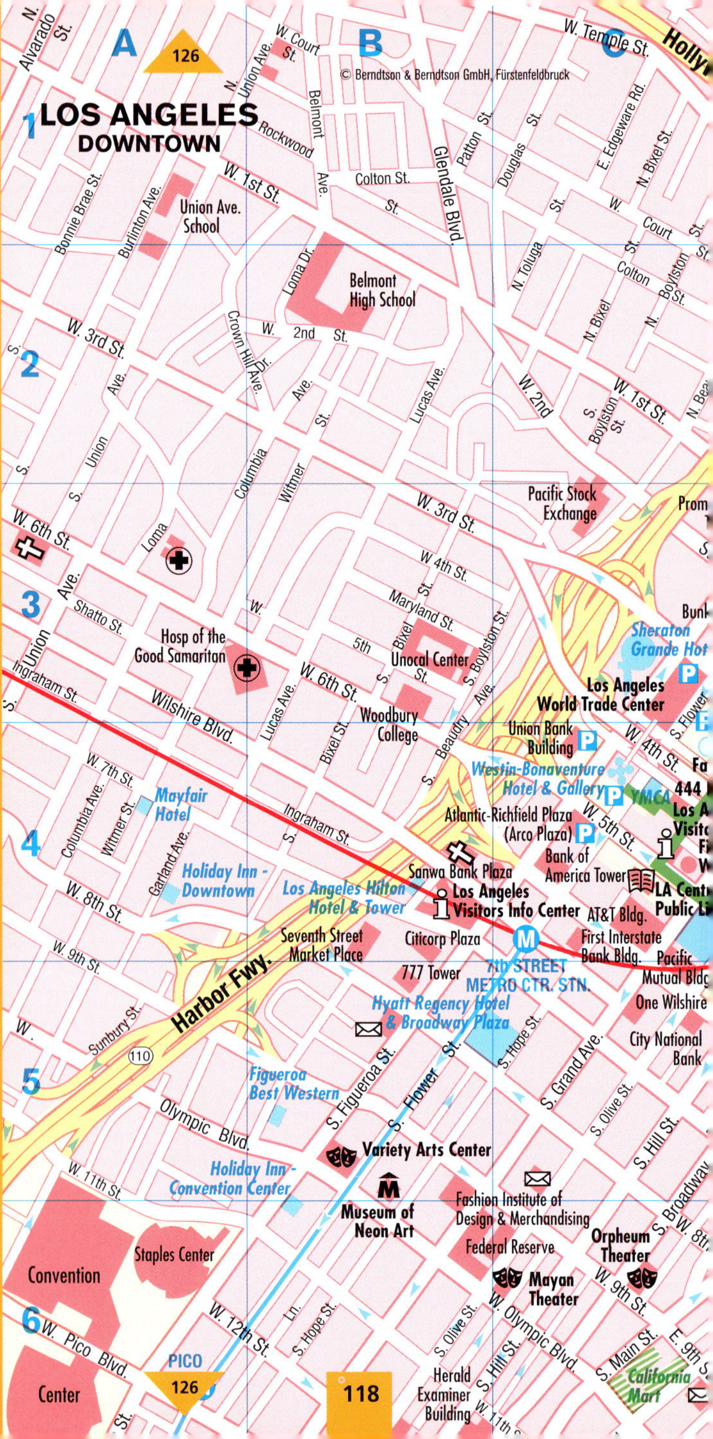
LOS ANGELES
DOWNTOWN
A
B
C
1
2
3
4
5
6
126
© Berndtson & Berndtson GmbH, Fürstenfeldbruck
N. Alvarado St.
W. Court St.
N. Union Ave.
W. Temple St.
Hollyw
Rockwood
Belmont Ave.
Colton St.
Glendale Blvd.
Patton St.
Douglas St.
E. Edgeware Rd.
N. Bixel St.
W. 1st St.
Union Ave. School
Bonnie Brae St.
Burlington Ave.
Court St.
Colton St.
Boylston St.
N. Toluga St.
Belmont High School
Loma Dr.
W. 2nd St.
W. 3rd St.
Crown Hill Ave.
Lucas Ave.
W. 2nd
S. Boylston St.
W. 1st St.
N. Bixel
Columbia
Witmer
S. Union Ave.
Pacific Stock Exchange
W. 3rd St.
Prom
W. 6th St.
Loma
W. 4th St.
Maryland St.
Shatto St.
Hosp of the Good Samaritan
5th
S. Bixel St.
Unocal Center
S. Boylston St.
Sheraton Grande Hot
Los Angeles World Trade Center
Ingraham St.
Wilshire Blvd.
W. 6th St.
Woodbury College
S. Beaudry Ave.
Union Bank Building
S. Flower
W. 4th St.
Lucas Ave.
Bixel St.
Westin-Bonaventure Hotel & Gallery
YMCA
W. 7th St.
Mayfair Hotel
Columbia Ave.
Witmer St.
Ingraham St.
Atlantic-Richfield Plaza (Arco Plaza)
W. 5th St.
Garland Ave.
Holiday Inn - Downtown
Sanwa Bank Plaza
Bank of America Tower
Los Angeles Hilton Hotel & Tower
Los Angeles Visitors Info Center
LA Centr Public Li
W. 8th St.
AT&T Bldg.
First Interstate Bank Bldg.
Seventh Street Market Place
Citicorp Plaza
W. 9th St.
Harbor Fwy.
777 Tower
7th STREET METRO CTR. STN.
Pacific Mutual Bldg
One Wilshire
Hyatt Regency Hotel & Broadway Plaza
Sunbury St.
110
S. Figueroa St.
S. Flower St.
S. Hope St.
S. Grand Ave.
City National Bank
Figueroa Best Western
S. Olive St.
S. Hill St.
Olympic Blvd.
Variety Arts Center
S. Broadway
W. 11th St.
Holiday Inn - Convention Center
Museum of Neon Art
Fashion Institute of Design & Merchandising
W. 8th
Federal Reserve
Orpheum Theater
Staples Center
Convention Center
Mayan Theater
W. 9th St.
W. 12th St.
S. Hope St.
S. Olive St.
W. Olympic Blvd.
S. Main St.
E. 9th St.
W. Pico Blvd.
PICO
S. Hill St.
Herald Examiner Building
California Mart
W. 11th

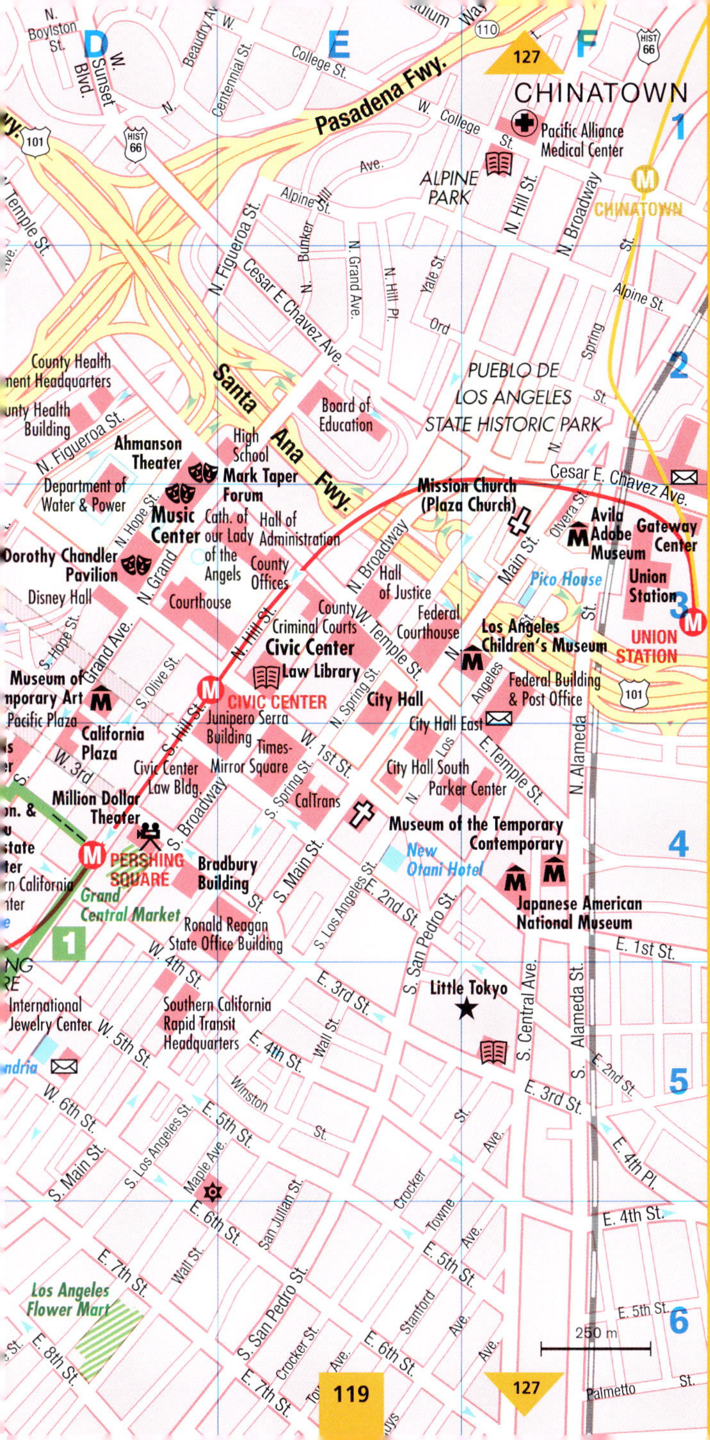

D
E
F
127
CHINATOWN
1
2
3
4
5
6
N. Boylston St.
W. Sunset Blvd.
Beaudry Ave.
N. Centennial St.
College St.
Pasadena Fwy.
110
101
HIST 66
W. College St.
Pacific Alliance Medical Center
Ave.
ALPINE PARK
Alpine St.
N. Hill St.
N. Broadway
CHINATOWN
Temple St.
N. Figueroa St.
Cesar E Chavez Ave.
N. Bunker Hill
N. Grand Ave.
N. Hill Pl.
Yale St.
Ord
Alpine St.
Spring St.
County Health Department Headquarters
County Health Building
N. Figueroa St.
Santa Ana Fwy.
Board of Education
PUEBLO DE LOS ANGELES STATE HISTORIC PARK
Ahmanson Theater
High School
Mark Taper Forum
Department of Water & Power
Cesar E. Chavez Ave.
Mission Church (Plaza Church)
N. Hope St.
Music Center
Cath. of our Lady of the Angels
Hall of Administration
Olvera St.
Avila Adobe Museum
Gateway Center
Dorothy Chandler Pavilion
N. Grand
County Offices
N. Broadway
Hall of Justice
Main St.
Pico House
Union Station
Disney Hall
Courthouse
County Criminal Courts
W. Temple St.
Federal Courthouse
Los Angeles Children's Museum
UNION STATION
S. Hope St.
Grand Ave.
N. Hill St.
Civic Center
Law Library
N. Los Angeles
Federal Building & Post Office
Museum of Contemporary Art
S. Olive St.
CIVIC CENTER
N. Spring St.
City Hall
101
Pacific Plaza
S. Hill St.
Junipero Serra Building
City Hall East
California Plaza
W. 3rd
Civic Center Law Bldg.
Times-Mirror Square
W. 1st St.
N. Los
City Hall South
E. Temple St.
N. Alameda
Parker Center
Million Dollar Theater
S. Broadway
S. Spring St.
CalTrans
Museum of the Temporary Contemporary
PERSHING SQUARE
Bradbury Building
S. Main St.
New Otani Hotel
Grand Central Market
St.
S. Los Angeles St.
E. 2nd St.
S. San Pedro St.
Japanese American National Museum
Ronald Reagan State Office Building
E. 1st St.
W. 4th St.
E. 3rd St.
Little Tokyo
S. Central Ave.
S. Alameda St.
International Jewelry Center
W. 5th St.
Southern California Rapid Transit Headquarters
E. 4th St.
Wall St.
E. 2nd St.
W. 6th St.
Winston St.
E. 3rd St.
S. Main St.
S. Los Angeles St.
E. 5th St.
E. 4th Pl.
Maple Ave.
E. 6th St.
San Julian St.
Crocker
Towne Ave.
E. 4th St.
E. 7th St.
Wall St.
E. 5th St.
Los Angeles Flower Mart
S. San Pedro St.
Stanford Ave.
E. 5th St.
250 m
E. 8th St.
Crocker St.
E. 6th St.
Ave.
E. 7th St.
119
127
Palmetto St.

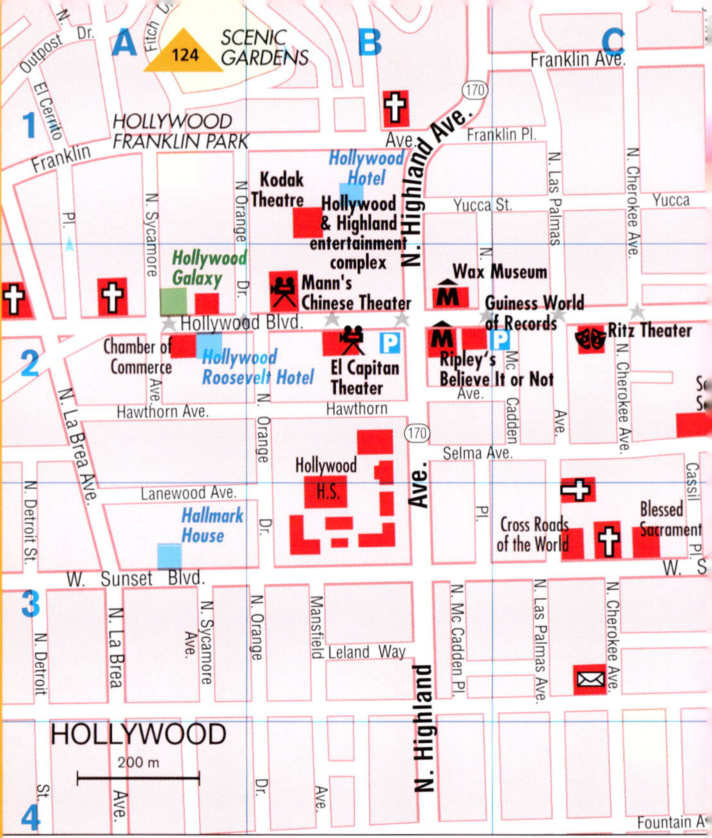

124
SCENIC GARDENS
A
B
C
1
2
3
4
HOLLYWOOD FRANKLIN PARK
Franklin Ave.
Franklin Pl.
Outpost Dr.
El Cerrito Pl.
Fitch Dr.
N. Highland Ave.
170
Hollywood Hotel
Kodak Theatre
Hollywood & Highland entertainment complex
Yucca St.
Yucca
N. Las Palmas Ave.
N. Cherokee Ave.
N. Sycamore Ave.
N. Orange Dr.
Hollywood Galaxy
Mann's Chinese Theater
Wax Museum
Guiness World of Records
Hollywood Blvd.
Ritz Theater
Chamber of Commerce
Hollywood Roosevelt Hotel
El Capitan Theater
Ripley's Believe It or Not
Mc Cadden Pl.
N. La Brea Ave.
Hawthorn Ave.
Hawthorn
Selma Ave.
Hollywood H.S.
Lanewood Ave.
Hallmark House
Cross Roads of the World
Blessed Sacrament
Cassil Pl.
N. Detroit St.
W. Sunset Blvd.
Mansfield Ave.
Leland Way
N. Mc Cadden Pl.
HOLLYWOOD
200 m
Fountain Ave.

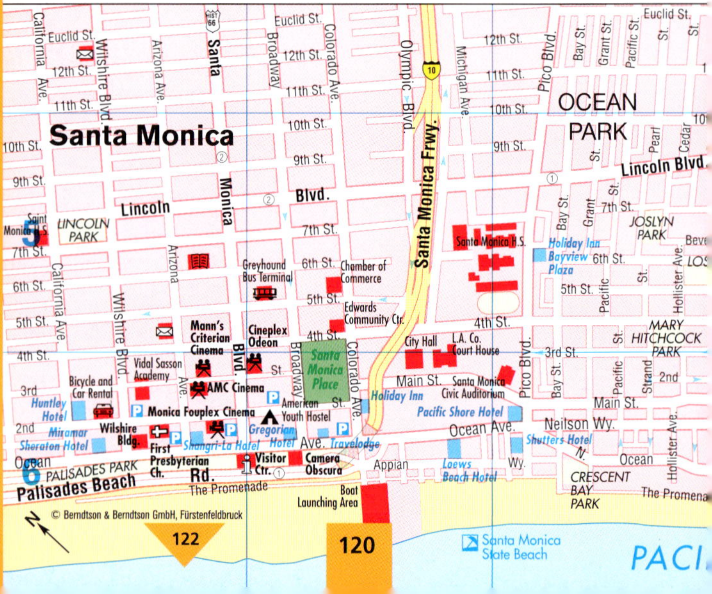

Santa Monica
Euclid St.
12th St.
11th St.
10th St.
9th St.
7th St.
6th St.
5th St.
4th St.
3rd St.
2nd St.
California Ave.
Wilshire Blvd.
Arizona Ave.
Santa Monica Blvd.
Broadway
Colorado Ave.
Olympic Blvd.
Michigan Ave.
Santa Monica Frwy.
10
Pico Blvd.
Bay St.
Grant St.
Pacific St.
OCEAN PARK
Pearl St.
Cedar St.
Lincoln Blvd.
Lincoln
Saint Monica H.S.
LINCOLN PARK
JOSLYN PARK
Santa Monica H.S.
Holiday Inn Bayview Plaza
Greyhound Bus Terminal
Chamber of Commerce
Edwards Community Ctr.
Mann's Criterion Cinema
Cineplex Odeon
Vidal Sasson Academy
AMC Cinema
Santa Monica Place
City Hall
L.A. Co. Court House
Main St.
Santa Monica Civic Auditorium
Holiday Inn
Pacific Shore Hotel
Bicycle and Car Rental
Huntley Hotel
Monica Fouplex Cinema
American Youth Hostel
Wilshire Bldg.
Miramar Sheraton Hotel
First Presbyterian Ch.
Shangri-La Hotel
Gregorian Hotel
Travelodge
Visitor Ctr.
Camera Obscura
Ocean Ave.
Appian Wy.
Loews Beach Hotel
Shutters Hotel
Neilson Wy.
Hollister Ave.
Strand St.
MARY HITCHCOCK PARK
CRESCENT BAY PARK
PALISADES PARK
Palisades Beach Rd.
The Promenade
Boat Launching Area
Santa Monica State Beach
PACI
N
© Berndtson & Berndtson GmbH, Fürstenfeldbruck
122
5
6

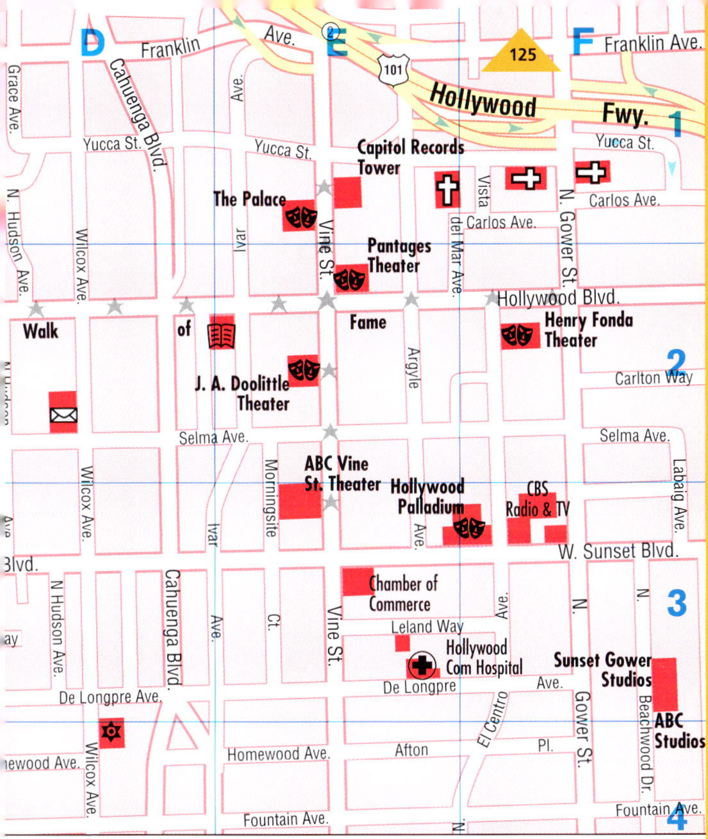
D
E
F
125
Franklin Ave.
Franklin Ave.
101
Hollywood Fwy.
1
Grace Ave.
Cahuenga Blvd.
Yucca St.
Yucca St.
Yucca St.
Capitol Records Tower
The Palace
Vista del Mar Ave.
Carlos Ave.
Carlos Ave.
N. Gower St.
N. Hudson Ave.
Wilcox Ave.
Ivar
Vine St.
Pantages Theater
Hollywood Blvd.
Walk of Fame
Henry Fonda Theater
Argyle
J. A. Doolittle Theater
2
Carlton Way
Selma Ave.
Selma Ave.
Morningsite
ABC Vine St. Theater
Hollywood Palladium
CBS Radio & TV
Labaig Ave.
W. Sunset Blvd.
Chamber of Commerce
Leland Way
Hollywood Com Hospital
3
N Hudson Ave.
Cahuenga Blvd.
Ct.
Sunset Gower Studios
De Longpre Ave.
De Longpre Ave.
ABC Studios
Beachwood Dr.
El Centro
Homewood Ave.
Afton Pl.
Gower St.
Fountain Ave.
Fountain Ave.
4

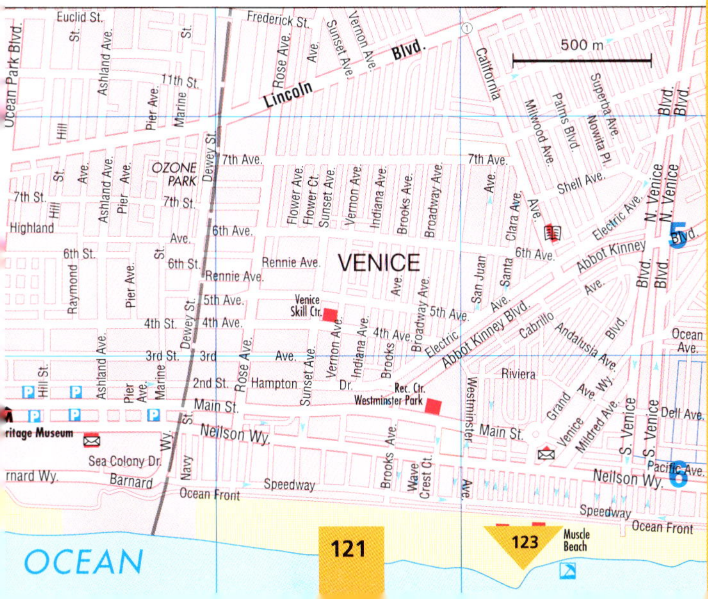
Euclid St.
Frederick St.
Rose Ave.
Sunset Ave.
Vernon Ave.
Lincoln Blvd.
California
500 m
Ocean Park Blvd.
Ashland Ave.
11th St.
Pier Ave.
Marine
Hill
Milwood Ave.
Palms Blvd.
Superba Ave.
Nowita Pl.
Dewey St.
7th Ave.
7th Ave.
OZONE PARK
7th St.
Flower Ave.
Flower Ct.
Sunset Ave.
Vernon Ave.
Indiana Ave.
Brooks Ave.
Broadway Ave.
Clara Ave.
Shell Ave.
Electric Ave.
N. Venice Blvd.
Highland
6th Ave.
6th St.
6th Ave.
Rennie Ave.
VENICE
San Juan
Santa
Abbot Kinney
5
Raymond
Venice Skill Ctr.
5th Ave.
Abbot Kinney Blvd.
Cabrillo
Andalusia Ave.
Ocean Ave.
4th St.
4th Ave.
4th Ave.
Electric
3rd St.
3rd Ave.
Hampton Dr.
Riviera
Grand
Mildred Ave.
2nd St.
Rec. Ctr.
Westminster Park
Westminster Ave.
Main St.
Main St.
Venice Wy.
Dell Ave.
ritage Museum
Neilson Wy.
Neilson Wy.
S. Venice Blvd.
Pacific Ave.
Sea Colony Dr.
Barnard Wy.
Navy
Ocean Front
Speedway
Wave Crest Ct.
6
Speedway
Ocean Front
121
123
Muscle Beach
OCEAN

A
B
C
1
2
3
4
5
6
Rustic Canyon Park
Crestwood Hills Park
The Getty Center
San Diego Frwy.
405
W. Sunset Blvd.
Topanga State Park
Sullivan Canyon
Mandeville Canyon
S. Sepulveda Blvd.
Veteran Ave.
Brentwood
Bristol Ave.
W. Sunset Blvd.
Veterans
Will Rogers State Historic Park
San Vicente Blvd.
Administra
W. Sunset Blvd.
Riviera Country Club (Private)
Canyon
Brentwood Country Club (Private)
Santa Monica
26th St.
Montana
Wilshire Blvd.
S. Bundy Dr.
Santa Monica Blvd.
Douglas Park
Marguerita Ave.
San Vicente Blvd.
SANTA MONICA
South Cal. Institute of Architecture
26th St.
S. Bundy Dr.
Olympic Blvd.
Santa Monica Hosp.
HIST 66
7th St.
Montana Ave.
Lincoln Park
Bergamot Station Arts Center
Palisades Park
Santa Monica Blvd.
Santa Monica Frwy.
Pico Blvd.
Pearl St.
Wilshire Blvd.
Lincoln Blvd.
Memorial Park
Woodlawn Cemetery
23rd
26th St.
Clover Park
Santa Monica State Beach
Palisades Beach Rd.
7th St.
Olympic Blvd.
10
Santa Monica Place
Santa Monica College
Museum of Flying
Camera Obscura
City Hall
L.A. Co. Court House
Pico Blvd.
Pearl St.
Santa Monica Municipal Pier
Civic Auditorium
Loew's Santa Monica
Ocean Park Blvd.
Santa Monica Bay
Penmar Golf Course
Neilson Wy.
Penmar Ave.
Heritage Museum
Ocean Park
Lincoln Blvd.
Pacific Ave.
Venice
Palms Blvd.
PACIFIC OCEAN
Venice Pavilion
N. Venice Blvd.
S. Venice Blvd.
Pacific Ave.
Washington St.
1 km
© Berndtson & Berndtson GmbH, Fürstenfeldbruck

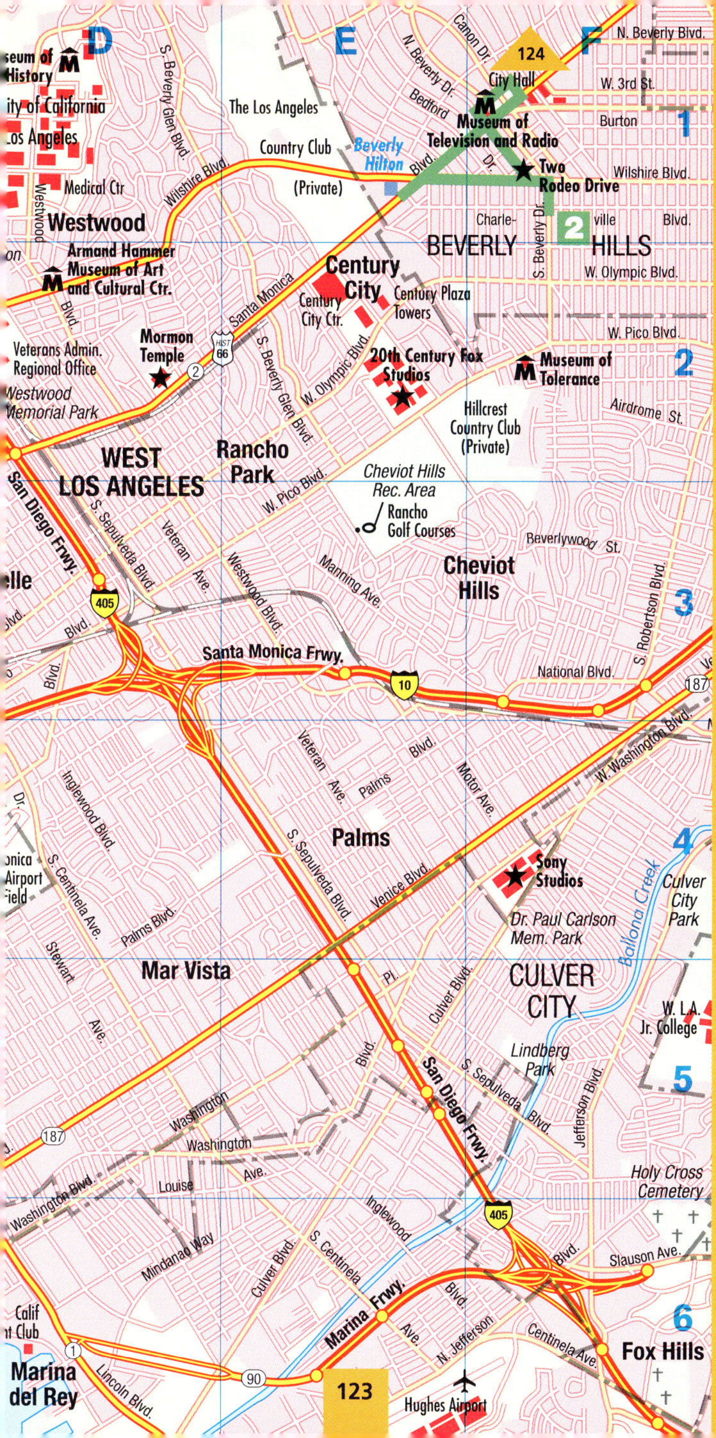
D
E
F
124
1
2
3
4
5
6
N. Beverly Blvd.
W. 3rd St.
Burton
Wilshire Blvd.
Charle-
ville
Blvd.
BEVERLY
HILLS
W. Olympic Blvd.
W. Pico Blvd.
City Hall
Museum of Television and Radio
Two Rodeo Drive
Canon Dr.
N. Beverly Dr.
Bedford
Dr.
S. Beverly Dr.
Beverly Hilton
Blvd.
The Los Angeles
Country Club
(Private)
seum of
History
ity of California
os Angeles
Medical Ctr
Westwood
Westwood
S. Beverly Glen Blvd.
Wilshire Blvd.
Armand Hammer Museum of Art and Cultural Ctr.
Century City
Century City Ctr.
Century Plaza Towers
Santa Monica
Blvd.
Mormon Temple
Veterans Admin. Regional Office
Westwood Memorial Park
HIST 66
2
S. Beverly Glen Blvd.
W. Olympic Blvd.
20th Century Fox Studios
Museum of Tolerance
Airdrome St.
Hillcrest Country Club (Private)
WEST LOS ANGELES
Rancho Park
W. Pico Blvd.
Cheviot Hills Rec. Area
Rancho Golf Courses
Beverlywood St.
Cheviot Hills
San Diego Frwy.
S. Sepulveda Blvd.
Veteran Ave.
Westwood Blvd.
Manning Ave.
S. Robertson Blvd.
405
Santa Monica Frwy.
10
National Blvd.
187
W. Washington Blvd.
Veteran Ave.
Palms
Blvd.
Motor Ave.
Inglewood Blvd.
Palms
S. Sepulveda Blvd.
Venice Blvd.
Sony Studios
Ballona Creek
Culver City Park
Dr. Paul Carlson Mem. Park
S. Centinela Ave.
Palms Blvd.
Airport
ield
Stewart
Ave.
Mar Vista
Pl.
Culver Blvd.
CULVER CITY
W. L.A. Jr. College
Lindberg Park
Blvd.
San Diego Frwy.
S. Sepulveda Blvd.
Jefferson Blvd.
187
Washington
Washington
Ave.
Louise
Washington Blvd.
Holy Cross Cemetery
405
Inglewood
Mindanao Way
Culver Blvd.
S. Centinela
Blvd.
Slauson Ave.
Marina Frwy.
Ave.
N. Jefferson
Centinela Ave.
Fox Hills
Calif
t Club
1
Marina del Rey
Lincoln Blvd.
90
Hughes Airport

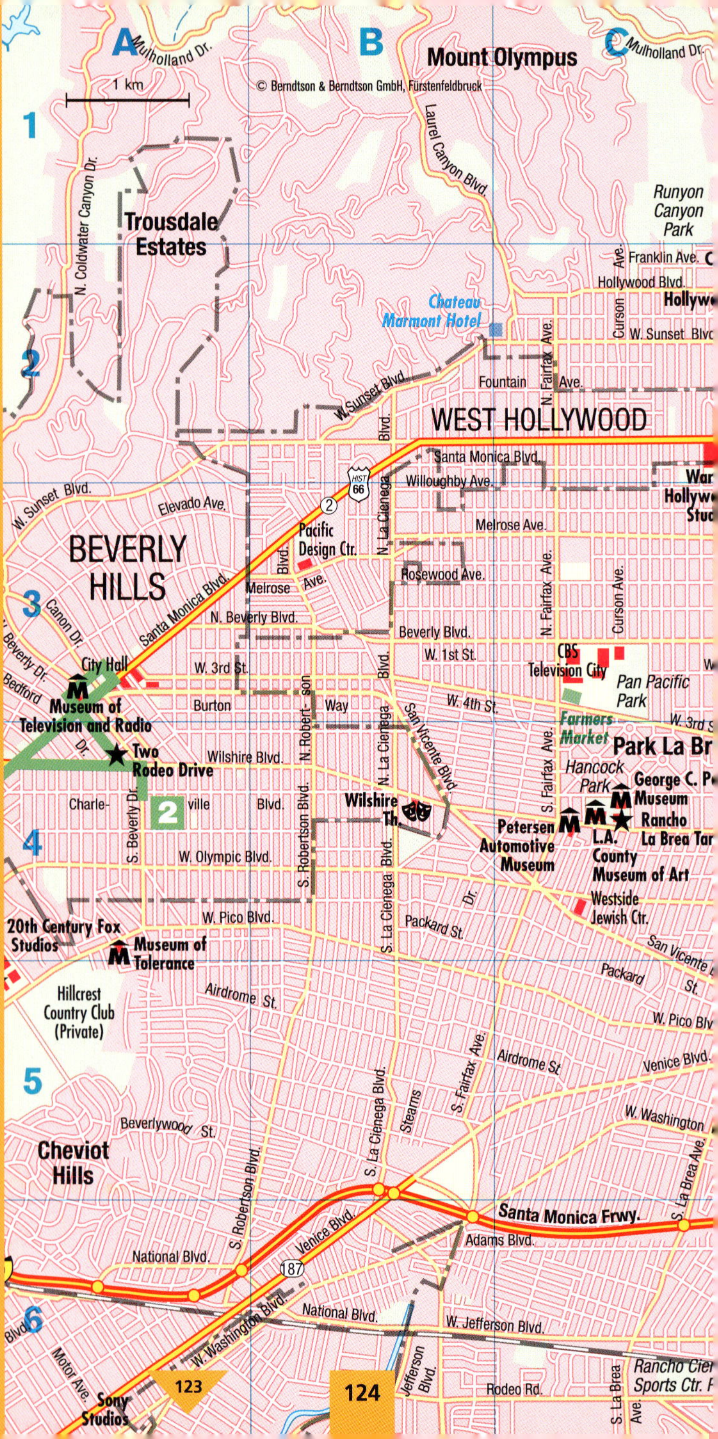

A
B
C
1
2
3
4
5
6
1 km
© Berndtson & Berndtson GmbH, Fürstenfeldbruck
Mount Olympus
Mulholland Dr.
Laurel Canyon Blvd.
Runyon Canyon Park
Franklin Ave.
Hollywood Blvd.
W. Sunset Blvd.
Chateau Marmont Hotel
Trousdale Estates
N. Coldwater Canyon Dr.
Fountain Ave.
N. Fairfax Ave.
Curson Ave.
W. Sunset Blvd.
WEST HOLLYWOOD
Santa Monica Blvd.
Willoughby Ave.
Melrose Ave.
Rosewood Ave.
Beverly Blvd.
W. 1st St.
W. 4th St.
N. La Cienega Blvd.
Pacific Design Ctr.
Melrose Ave.
Elevado Ave.
BEVERLY HILLS
Santa Monica Blvd.
N. Beverly Blvd.
Canon Dr.
Beverly Dr.
Bedford Dr.
City Hall
W. 3rd St.
Burton Way
Museum of Television and Radio
Two Rodeo Drive
Wilshire Blvd.
Charleville Blvd.
S. Beverly Dr.
W. Olympic Blvd.
N. Robertson Blvd.
S. Robertson Blvd.
San Vicente Blvd.
Wilshire Th.
CBS Television City
Pan Pacific Park
Farmers Market
W. 3rd St.
Park La Brea
Hancock Park
George C. Page Museum
Rancho La Brea Tar Pits
Petersen Automotive Museum
L.A. County Museum of Art
Westside Jewish Ctr.
S. Fairfax Ave.
20th Century Fox Studios
Museum of Tolerance
W. Pico Blvd.
Packard St.
San Vicente Blvd.
S. La Cienega Blvd.
Hillcrest Country Club (Private)
Airdrome St.
W. Pico Blvd.
Venice Blvd.
Airdrome St.
S. Fairfax Ave.
Stearns Dr.
W. Washington Blvd.
Beverlywood St.
Cheviot Hills
S. La Brea Ave.
Santa Monica Frwy.
Adams Blvd.
Venice Blvd.
National Blvd.
187
National Blvd.
W. Jefferson Blvd.
W. Washington Blvd.
Motor Ave.
Sony Studios
Jefferson Blvd.
Rodeo Rd.
S. La Brea Ave.
Rancho Cienega Sports Ctr.
123

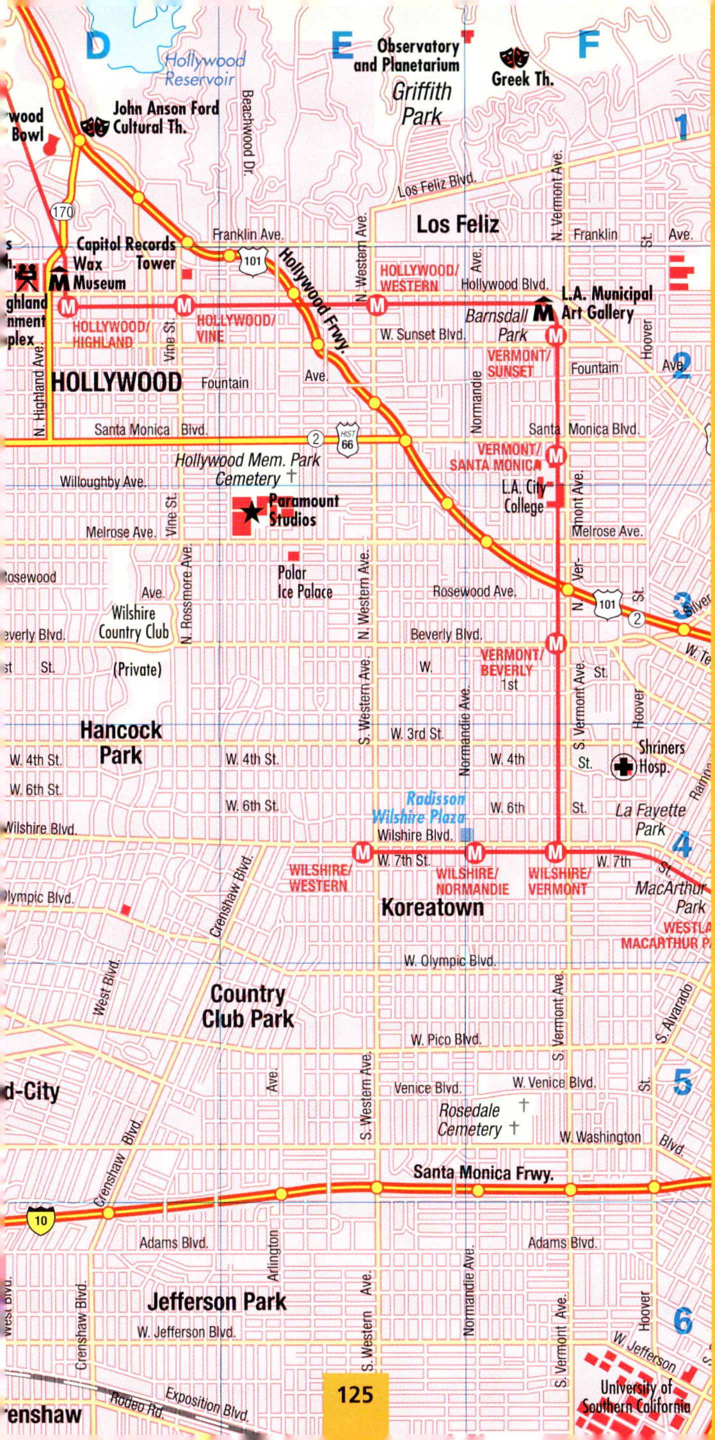
D
E
F
Hollywood Reservoir
Observatory and Planetarium
Griffith Park
Greek Th.
John Anson Ford Cultural Th.
Beachwood Dr.
Los Feliz Blvd.
Los Feliz
N. Vermont Ave.
Franklin Ave.
Franklin
Capitol Records Tower
Wax Museum
Hollywood Frwy.
N. Western Ave.
HOLLYWOOD/ WESTERN
Hollywood Blvd.
L.A. Municipal Art Gallery
Barnsdall Park
W. Sunset Blvd.
HOLLYWOOD/ HIGHLAND
HOLLYWOOD/ VINE
Vine St.
VERMONT/ SUNSET
Fountain
Hoover
N. Highland Ave.
HOLLYWOOD
Normandie
Santa Monica Blvd.
Hollywood Mem. Park Cemetery
VERMONT/ SANTA MONICA
L.A. City College
Willoughby Ave.
Paramount Studios
Melrose Ave.
Polar Ice Palace
N. Rossmore Ave.
Rosewood Ave.
Wilshire Country Club
(Private)
Beverly Blvd.
VERMONT/ BEVERLY
W. 1st St.
Hancock Park
W. 3rd St.
W. 4th St.
W. 6th St.
Shriners Hosp.
La Fayette Park
Radisson Wilshire Plaza
Wilshire Blvd.
W. 7th St.
WILSHIRE/ WESTERN
WILSHIRE/ NORMANDIE
WILSHIRE/ VERMONT
MacArthur Park
Koreatown
Olympic Blvd.
Crenshaw Blvd.
W. Olympic Blvd.
Country Club Park
West Blvd.
S. Vermont Ave.
S. Alvarado
W. Pico Blvd.
S. Western Ave.
Venice Blvd.
W. Venice Blvd.
Rosedale Cemetery
W. Washington Blvd.
Santa Monica Frwy.
Adams Blvd.
Arlington
Normandie Ave.
Jefferson Park
W. Jefferson Blvd.
University of Southern California
Rodeo Rd.
Exposition Blvd.
1
2
3
4
5
6
101
170
66
10

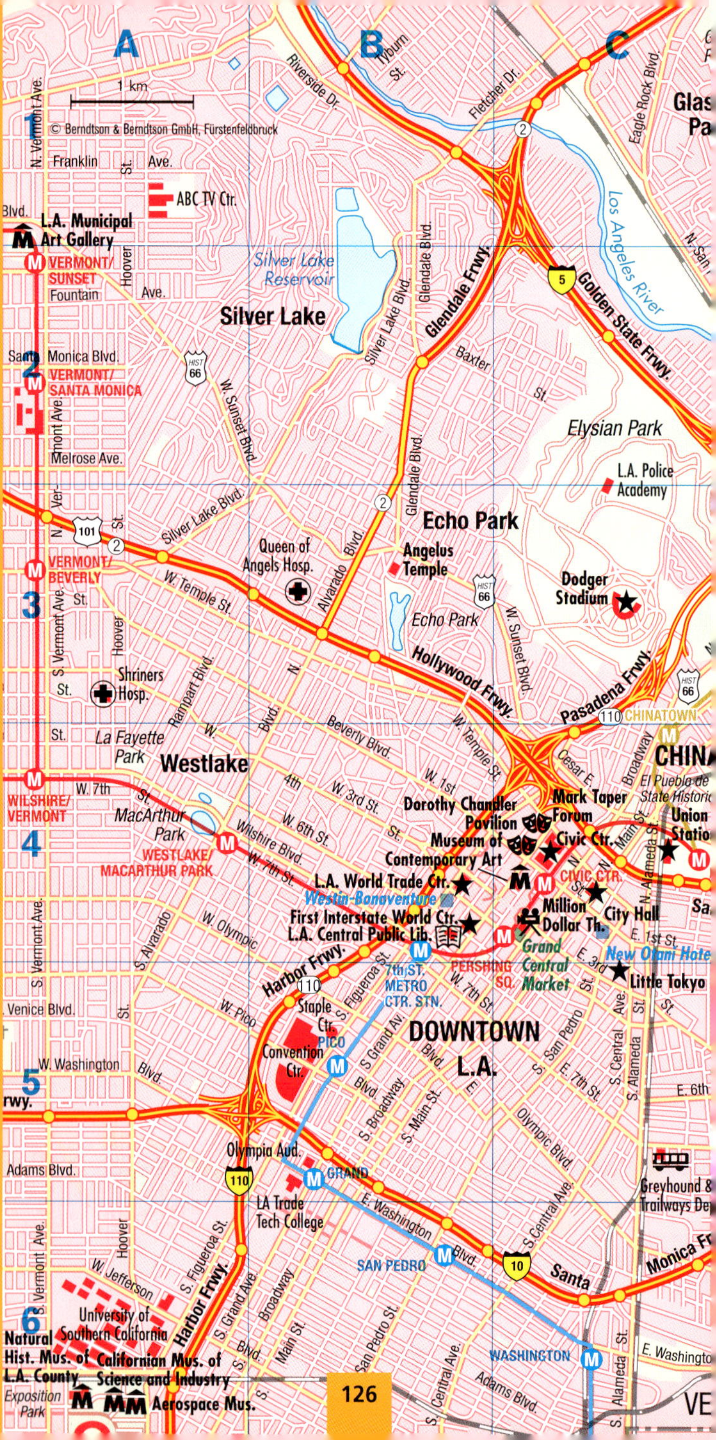
A
B
C
1
2
3
4
5
6
1 km
© Berndtson & Berndtson GmbH, Fürstenfeldbruck
Franklin Ave.
ABC TV Ctr.
L.A. Municipal Art Gallery
VERMONT/ SUNSET
Fountain Ave.
Hoover
Silver Lake Reservoir
Silver Lake
Santa Monica Blvd.
VERMONT/ SANTA MONICA
Melrose Ave.
W. Sunset Blvd.
Silver Lake Blvd.
Glendale Blvd.
Glendale Frwy.
Riverside Dr.
Tyburn St.
Fletcher Dr.
Eagle Rock Blvd.
Los Angeles River
Golden State Frwy.
Baxter St.
Elysian Park
L.A. Police Academy
Echo Park
Angelus Temple
Queen of Angels Hosp.
VERMONT/ BEVERLY
W. Temple St.
Alvarado Blvd.
Dodger Stadium
Hollywood Frwy.
Pasadena Frwy.
CHINATOWN
Shriners Hosp.
S. Vermont Ave.
Rampart Blvd.
La Fayette Park
Westlake
Beverly Blvd.
W. 1st
W. 3rd St.
4th
W. 6th St.
WILSHIRE/ VERMONT
W. 7th St.
MacArthur Park
WESTLAKE/ MACARTHUR PARK
Wilshire Blvd.
W. 7th St.
Dorothy Chandler Pavilion
Mark Taper Forum
Cesar E.
Broadway
El Pueblo de
State Historic
Union Station
Museum of Contemporary Art
Civic Ctr.
CIVIC CTR.
L.A. World Trade Ctr.
Westin-Bonaventure
First Interstate World Ctr.
L.A. Central Public Lib.
Million Dollar Th.
City Hall
E. 1st St.
New Otani Hotel
E. 3rd St.
Little Tokyo
PERSHING SQ.
Grand Central Market
W. Olympic
S. Alvarado
Harbor Frwy.
7th ST. METRO CTR. STN.
S. Figueroa St.
Staple Ctr.
W. Pico
PICO
Convention Ctr.
S. Grand Av.
DOWNTOWN L.A.
San Pedro
E. 7th St.
S. Central Ave.
S. Alameda St.
E. 6th
Venice Blvd.
W. Washington Blvd.
S. Broadway
S. Main St.
Olympic Blvd.
Olympia Aud.
GRAND
Adams Blvd.
LA Trade Tech College
E. Washington Blvd.
SAN PEDRO
Greyhound & Trailways De
Santa Monica Fr
W. Jefferson
S. Figueroa St.
Harbor Frwy.
University of Southern California
Natural Hist. Mus. of L.A. County
Californian Mus. of Science and Industry
Exposition Park
Aerospace Mus.
WASHINGTON
E. Washington
Adams Blvd.
S. Central Ave.
San Pedro St.
Main St.

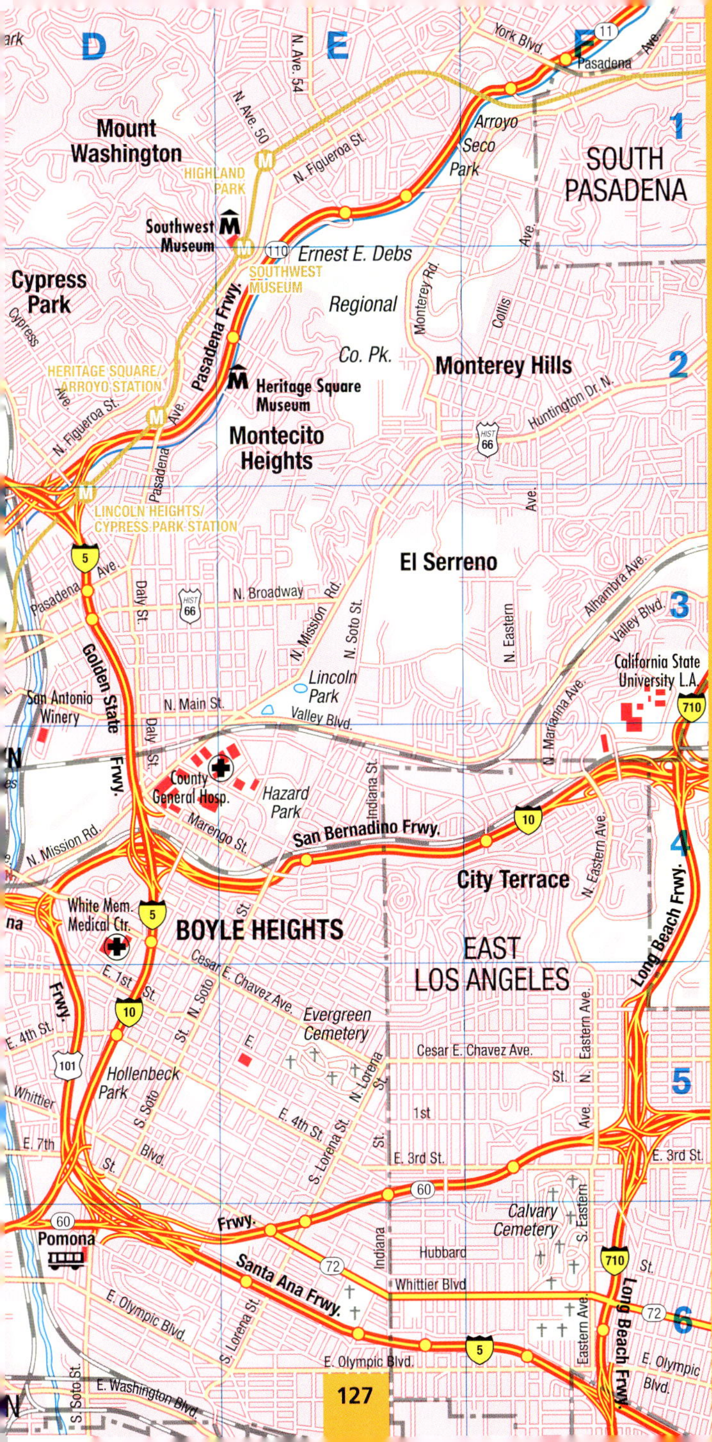
D
E
F
1
2
3
4
5
6
Mount Washington
HIGHLAND PARK
Southwest Museum
SOUTHWEST MUSEUM
Cypress Park
Cypress Ave.
HERITAGE SQUARE/ ARROYO STATION
N. Figueroa St.
Pasadena Ave.
Pasadena Frwy.
Heritage Square Museum
Montecito Heights
LINCOLN HEIGHTS/ CYPRESS PARK STATION
N. Ave. 54
N. Ave. 50
N. Figueroa St.
York Blvd.
Pasadena Ave.
Arroyo Seco Park
SOUTH PASADENA
Ernest E. Debs Regional Co. Pk.
Monterey Rd.
Collis Ave.
Monterey Hills
Huntington Dr. N.
HIST 66
El Serreno
Pasadena Ave.
Daly St.
N. Broadway
N. Mission Rd.
N. Soto St.
N. Eastern Ave.
Alhambra Ave.
Valley Blvd.
California State University L.A.
Golden State Frwy.
San Antonio Winery
N. Main St.
Lincoln Park
Valley Blvd.
N. Mariana Ave.
County General Hosp.
Hazard Park
Marengo St.
Indiana St.
San Bernadino Frwy.
N. Mission Rd.
City Terrace
N. Eastern Ave.
Long Beach Frwy.
White Mem. Medical Ctr.
BOYLE HEIGHTS
EAST LOS ANGELES
Cesar E. Chavez Ave.
E. 1st St.
N. Soto St.
Evergreen Cemetery
E. 4th St.
Frwy.
Hollenbeck Park
S. Soto St.
N. Lorena St.
Cesar E. Chavez Ave.
1st St.
N. Eastern Ave.
Whittier Blvd.
E. 7th St.
E. 4th St.
S. Lorena St.
E. 3rd St.
E. 3rd St.
Pomona
Frwy.
Calvary Cemetery
S. Eastern
Santa Ana Frwy.
Indiana
Hubbard St.
Whittier Blvd
E. Olympic Blvd.
S. Lorena St.
Eastern Ave.
Long Beach Frwy.
E. Olympic Blvd.
E. Olympic Blvd.
S. Soto St.
E. Washington Blvd.
5
10
60
72
101
110
11
710

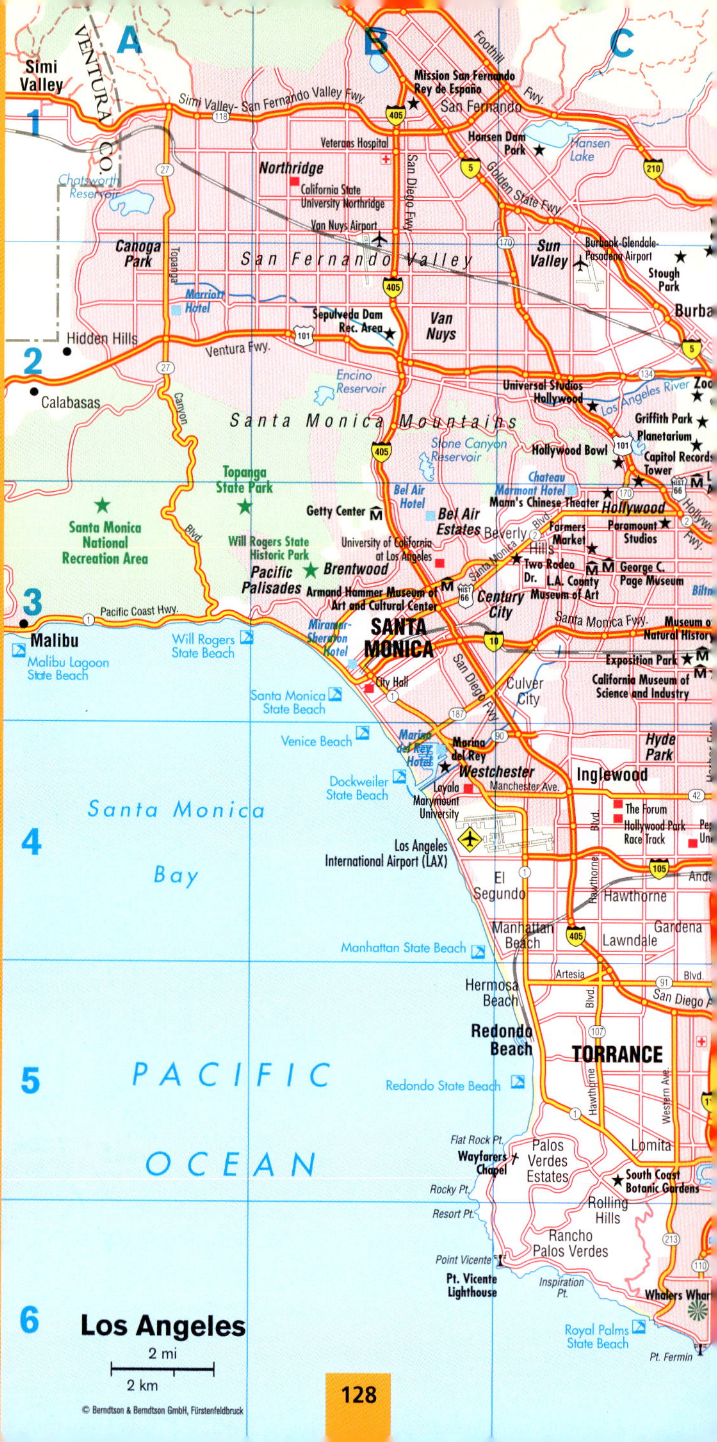

A
B
C
1
2
3
4
5
6
Simi Valley
VENTURA CO.
Simi Valley- San Fernando Valley Fwy.
118
Mission San Fernando Rey de España
San Fernando
405
Foothill Fwy.
Veterans Hospital
Hansen Dam Park
Hansen Lake
210
5
Golden State Fwy.
Northridge
California State University Northridge
San Diego Fwy.
Chatsworth Reservoir
27
Van Nuys Airport
170
Sun Valley
Burbank-Glendale-Pasadena Airport
Stough Park
Canoga Park
Topanga
San Fernando Valley
Marriott Hotel
Sepulveda Dam Rec. Area
Van Nuys
Burba
Hidden Hills
101
Ventura Fwy.
Calabasas
Encino Reservoir
134
Universal Studios Hollywood
Los Angeles River
Zoo
Canyon
Santa Monica Mountains
Griffith Park
Planetarium
Stone Canyon Reservoir
Hollywood Bowl
Capitol Records Tower
Topanga State Park
Bel Air Hotel
Chateau Marmont Hotel
Mann's Chinese Theater
Hollywood
Santa Monica National Recreation Area
Getty Center
Bel Air Estates
Beverly Hills
Blvd.
Farmers Market
Paramount Studios
Hollywood Fwy.
Will Rogers State Historic Park
University of California at Los Angeles
Pacific Palisades
Brentwood
Santa Monica
Two Rodeo Dr.
L.A. County Museum of Art
George C. Page Museum
Armand Hammer Museum of Art and Cultural Center
66
Century City
Pacific Coast Hwy.
Malibu
Malibu Lagoon State Beach
Will Rogers State Beach
Miramar-Sheraton Hotel
SANTA MONICA
Santa Monica Fwy.
Museum of Natural History
10
Exposition Park
California Museum of Science and Industry
City Hall
Culver City
Santa Monica State Beach
187
90
Venice Beach
Marina del Rey Hotel
Marina del Rey
Westchester
Hyde Park
Inglewood
Dockweiler State Beach
Loyola Marymount University
Manchester Ave.
42
The Forum
Hollywood Park Race Track
Santa Monica Bay
Los Angeles International Airport (LAX)
105
El Segundo
Hawthorne Blvd.
Hawthorne
Manhattan Beach
Gardena
Manhattan State Beach
Lawndale
Artesia Blvd.
91
San Diego
Hermosa Beach
107
Redondo Beach
TORRANCE
PACIFIC OCEAN
Redondo State Beach
Western Ave.
Flat Rock Pt.
Wayfarers Chapel
Palos Verdes Estates
Lomita
South Coast Botanic Gardens
Rocky Pt.
Resort Pt.
Rolling Hills
Rancho Palos Verdes
213
110
Point Vicente
Pt. Vicente Lighthouse
Inspiration Pt.
Whalers Whar
Royal Palms State Beach
Pt. Fermin
Los Angeles
2 mi
2 km

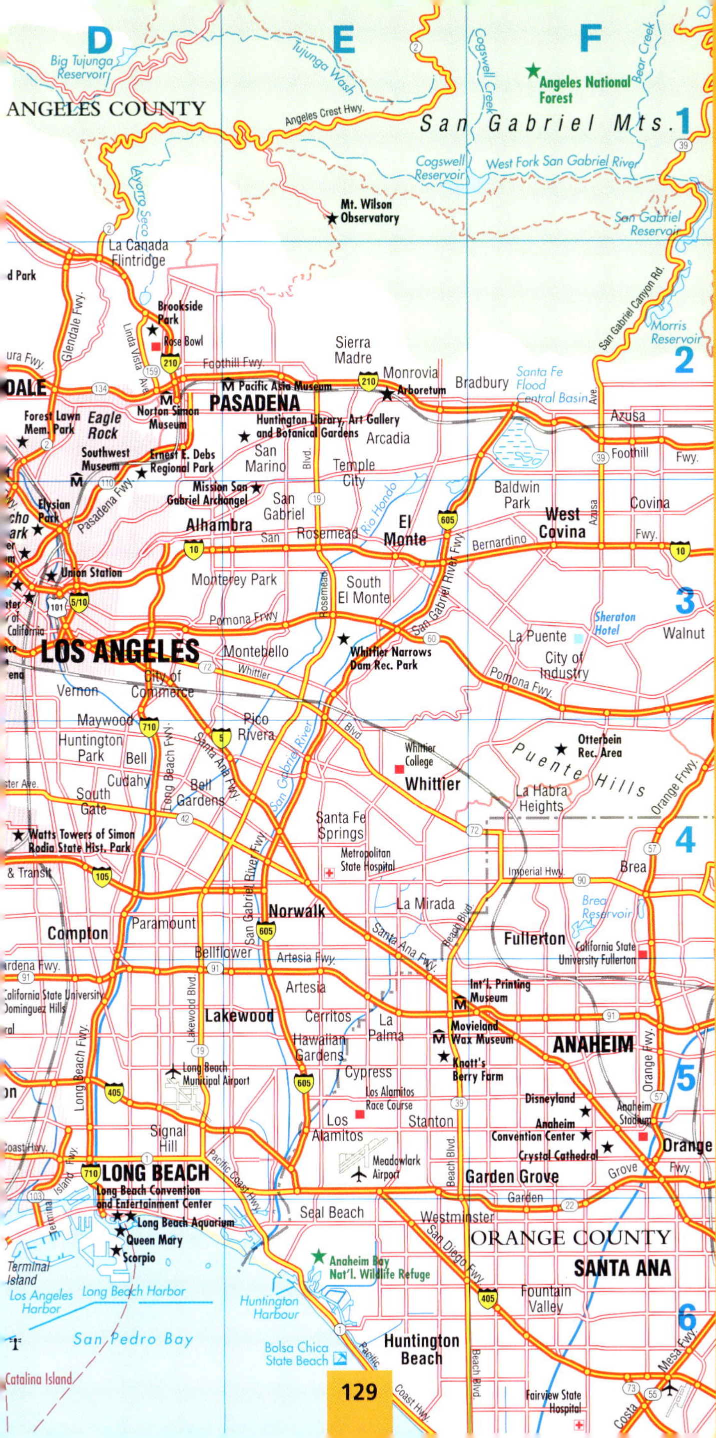
D
E
F
1
2
3
4
5
6
Big Tujunga Reservoir
ANGELES COUNTY
Tujunga Wash
Angeles Crest Hwy.
Cogswell Creek
Angeles National Forest
Bear Creek
San Gabriel Mts.
Cogswell Reservoir
West Fork San Gabriel River
Arroyo Seco
Mt. Wilson Observatory
San Gabriel Reservoir
La Canada Flintridge
Brookside Park
Rose Bowl
Glendale Fwy.
Linda Vista Ave.
San Gabriel Canyon Rd.
Morris Reservoir
Foothill Fwy.
Sierra Madre
Monrovia
Arboretum
Bradbury
Santa Fe Flood Central Basin
Pacific Asia Museum
PASADENA
Norton Simon Museum
Forest Lawn Mem. Park
Eagle Rock
Huntington Library, Art Gallery and Botanical Gardens
Arcadia
Azusa
Foothill Fwy.
Southwest Museum
Ernest E. Debs Regional Park
San Marino
Temple City
Mission San Gabriel Archangel
San Gabriel
Baldwin Park
West Covina
Covina
Elysian Park
Pasadena Fwy.
Alhambra
Rosemead
Rio Hondo
El Monte
San Bernardino Fwy.
Union Station
Monterey Park
South El Monte
Pomona Fwy.
Sheraton Hotel
Walnut
LOS ANGELES
Montebello
Whittier Narrows Dam Rec. Park
La Puente
City of Industry
Vernon
City of Commerce
Whittier Blvd.
Pomona Fwy.
Maywood
Huntington Park
Bell
Pico Rivera
Whittier College
Otterbein Rec. Area
Puente Hills
Cudahy
Long Beach Fwy.
Santa Ana Fwy.
Bell Gardens
San Gabriel River
Whittier
La Habra Heights
Orange Frwy.
South Gate
Santa Fe Springs
Watts Towers of Simon Rodia State Hist. Park
Metropolitan State Hospital
Imperial Hwy.
Brea
Brea Reservoir
La Mirada
Beach Blvd.
Norwalk
Compton
Paramount
San Gabriel River Fwy.
Fullerton
California State University Fullerton
Bellflower
Artesia Fwy.
Artesia
California State University Dominguez Hills
Int'l. Printing Museum
Lakewood
Lakewood Blvd.
Cerritos
La Palma
Movieland Wax Museum
ANAHEIM
Hawaiian Gardens
Knott's Berry Farm
Orange Fwy.
Long Beach Municipal Airport
Cypress
Los Alamitos Race Course
Disneyland
Anaheim Stadium
Los Alamitos
Stanton
Anaheim Convention Center
Signal Hill
Crystal Cathedral
Orange
Meadowlark Airport
Garden Grove
Grove Fwy.
LONG BEACH
Long Beach Convention and Entertainment Center
Pacific Coast Hwy.
Seal Beach
Garden
Westminster
Long Beach Aquarium
Queen Mary
Scorpio
San Diego Fwy.
ORANGE COUNTY
SANTA ANA
Terminal Island
Anaheim Bay Nat'l. Wildlife Refuge
Los Angeles Harbor
Long Beach Harbor
Huntington Harbour
Fountain Valley
San Pedro Bay
Bolsa Chica State Beach
Huntington Beach
Mesa Fwy.
Catalina Island
Fairview State Hospital
Costa

Das Register enthält eine Auswahl der im Cityatlas dargestellten Straßen und Plätze

Abkürzungen:
(BH) = Beverly Hills
(CC) = Culver City
(ELA) = East Los Angeles
(LA) = Los Angeles
(SM) = Santa Monica
(SP) = South Pasadena
(WH) = West Hollywood

In diesem Register finden Sie alle Orte, Sehenswürdigkeiten und Museen sowie wichtige Namen und Stichworte. Halbfette Seitenzahlen verweisen auf den Haupteintrag, kursive auf ein Foto.

Schreiben Sie uns!

Liebe Leserin, lieber Leser,

wir setzen alles daran, Ihnen möglichst aktuelle Informationen mit auf die Reise zu geben. Dennoch schleichen sich manchmal Fehler ein – trotz gründlicher Recherche unserer Autoren/innen. Sie haben sicherlich Verständnis, dass der Verlag dafür keine Haftung übernehmen kann. Wir freuen uns aber, wenn Sie uns schreiben.

Senden Sie Ihre Post an die Marco Polo Redaktion,
MAIRDUMONT, Postfach 31 51, 73751 Ostfildern,
info@marcopolo.de

Impressum

Titelbild: Sunset Blvd. (Look: Heeb)
Fotos: M. Braunger (68, 71, 79, 92, 94, 104); W. Dieterich (U r., 4, 11, 20, 27, 30, 38, 47, 57, 64, 82, 83); HB Verlag: Piepenburg (24, 35, 56, 98, 103); R. Irek (2 o., 2 u., 18, 19, 36, 42, 45, 52, 55, 62, 72, 84, 97); LACVB: Grimm (U l., 17, 60); laif: Neumann (5 r.), Piepenburg (U M., 58); Look: CO2 (74), Dressler (50), Heeb (40, 80, 87, 115), Leue (8); Mauritius: Vidler (16); E. Wrba (1, 5 l., 6, 7, 12, 15, 28, 31, 89)

4., aktualisierte Auflage 2006 © MAIRDUMONT, Ostfildern
Herausgeber: Ferdinand Ranft, Chefredakteurin: Marion Zorn
Redaktion: Jochen Schürmann, Bildredaktion: Gabriele Forst
Kartografie Cityatlas: © Berndtson & Berndtson GmbH, Fürstenfeldbruck
Vermarktung: MAIRDUMONT MEDIA, media@mairdumont.com
Gestaltung: red.sign, Stuttgart
Sprachführer: in Zusammenarbeit mit Ernst Klett Sprachen GmbH, Stuttgart, Redaktion PONS Wörterbücher

Printed in Germany. Gedruckt auf 100% chlorfrei gebleichtem Papier

Bloß nicht!

Ein paar Hinweise auf Dinge, die Sie in Los Angeles unterlassen sollten

Öffentlich Alkohol trinken
Mit der Flasche Bier in der Hand durch die Straßen zu bummeln oder am Strand ein Picknick mit Wein zu veranstalten ist verboten. Im Auto dürfen selbst Beifahrer keinen Alkohol trinken.

Bettlern nachgeben
Gehen Sie weiter, wenn Sie angebettelt werden. In den meisten Fällen wird das Geld umgehend nur in Alkohol oder Zigaretten umgesetzt. Will jemand an der roten Ampel Ihre Windschutzscheibe putzen, winken Sie ab. Öffnen Sie auf keinen Fall das Seitenfenster!

Jaywalken
Wer in Santa Monica die Straße in der Mitte eines Blocks oder gar diagonal überquert, muss mit einem Strafzettel rechnen. Jaywalken ist verboten!

Nachts an den Strand gehen
Auf romantische Strandspaziergänge bei Nacht sollten Sie unbedingt verzichten. Obwohl es viele Polizeistreifen gibt, sind Sie dort vor Überfällen nicht sicher.

Drängeln
Vordrängeln ist eine Todsünde. An der Kasse, auf der Straße, im Postamt, bei der Bank: Stellen Sie sich immer hinten an!

Oben ohne baden
Sonnen und Baden oben ohne ist verboten. Selbst in einsamen Buchten nicht zu empfehlen.

Rauchen
Flugzeuge im Inlandsverkehr, der Flughafen selbst (LAX), Shoppingmalls, offizielle Gebäude, Hochhäuser, Restaurants und Bars sind erklärte Nichtraucherzonen. Wer sich in Hotelzimmern und Mietwagen, die mit einem Nichtraucherschild ausgewiesen sind, oder überall sonst, wo es ausdrücklich verboten ist, trotzdem eine Zigarette anzündet, muss mit einer Geldstrafe rechnen.

In Restaurants sich selbst setzen
Warten Sie nach dem Betreten eines Restaurants, bis die Hostess Sie willkommen heißt. Sie wird Sie dann an einen frisch gedeckten Tisch führen. Es wird als unhöflich angesehen, wenn Sie sich selbst nach einem Platz umsehen oder sich gar zu jemandem an den Tisch setzen. Man wird Sie bitten zu warten.

Bei Überfällen Widerstand leisten
Leisten Sie keinen Widerstand, wenn Sie überfallen werden! Geben Sie ohne zu diskutieren, was Sie haben – das kann Ihnen das Leben retten!